INTERPRETATIONEN DEUTSCH

HEINRICH VON KLEIST

Prinz Friedrich von Homburg

Interpretiert von
Gisela Wand

STARK

Bildnachweis
Umschlagbild: Robert Kuchenbuch als Prinz von Homburg am Maxim Gorki Theater Berlin (2007); Barbara Braun / DRAMA
S. 3: Kleist-Museum, Frankfurt (Oder)
S. 5: bpk / Kunstbibliothek, SMB / Knud Petersen
S. 7, 15, 64: wikipedia.org
S. 10: bpk / SBB / Ruth Schacht
S. 14: picture-alliance / akg-images
S. 16, 21, 22: bpk
S. 24: bpk / Stiftung Preussische Schlösser und Gärten Berlin-Brandenburg
S. 25: ullstein bild – Röhnert
S. 32: Cinetext/OZ
S. 35: ullstein bild – Heuer
S. 40: Deutsches Theatermuseum München, Archiv Ilse Buhs
S. 51, 68: picture-alliance/ dpa
S. 59: ullstein bild – Binder
S. 62, 74, 93, 99: Barbara Braun / DRAMA
S. 70: ullstein bild
S. 76: © Andreas Pohlmann
S. 78, 104: ullstein bild – Lieberenz
S. 83: defd Deutscher Fernsehdienst/Roland Magunia

ISBN 978-3-86668-233-7

Inhalt

Autorin: Gisela Wand

Vorwort

Lieber Schüler, liebe Schülerin,

obwohl das Schauspiel *Prinz Friedrich von Homburg* 200 Jahre alt ist, ist es alles andere als ein bemooster Klassiker. Was Heinrich von Kleist darin mit fürstlichem Personal und im historischen Rahmen verhandelt, bewegt uns spürbar nach wie vor. Es geht um Ehrgeiz und den Wunsch nach Auszeichnung und Liebe, um Verwirrungen des Gefühls und des Verstandes und um die Konfrontation mit dem eigenen Tod. Zudem fragt Kleist darin dringlich nach dem Bewegungsspielraum des Individuums im Gehege der staatlichen Ordnung mit ihren Vorschriften und Paragrafen. „Soldaten sollen denken", liest man gegenwärtig, „die Bundeswehr darf nicht zum bloßen Instrument der Politik werden." (DIE ZEIT, 4. 2. 10) Eben diese Forderung könnte Kleist entlehnt sein.

Die Interpretationshilfe unterstützt Sie dabei, *Prinz Friedrich von Homburg* in seiner Zeitgebundenheit würdigen und in seiner Aktualität erleben, verstehen und durchdenken zu können. In der **Biografie** werden Sie erstaunliche Ähnlichkeiten zwischen Kleist und dem fiktiven Prinzen entdecken. Die **Entstehungsgeschichte** gibt Aufschluss über die dichterische Aneignung und Umwandlung des historischen Stoffes.

Szene für Szene ist der **Inhalt** des Schauspiels wiedergegeben. Die anschließende **Analyse der dramatischen Struktur** macht deutlich, inwiefern Kleist formal eine klassische Tragödie schreibt, in der Gestaltung des Konflikts aber ein Neuerer ist. Besondere Aufmerksamkeit ist der als schwierig geltenden **Sprachkunst Kleists** gewidmet; sie erweist sich als Schlüssel zur Gedankenwelt des Dichters.

Tiefer in den geistigen Zusammenhang des Dramas führt Sie das Kapitel „**Themen und Motive**". Es ist darin ausgeführt, wie sich Kleists Zweifel an der Erkennbarkeit der Wahrheit im Stück manifestieren, was es mit dem Somnambulismus des Prinzen auf sich hat und inwiefern Gedanken aus der Abhandlung *Über das Marionettentheater* auch das Schauspiel durchwirken.

Für die Charakterisierung der wichtigsten **Figuren** sind die über alle Szenen verstreuten Einzelhinweise jeweils zu einem Gesamtbild zusammengefügt worden. Bereits in diesem Kapitel finden Sie aufschlussreiche Szenen oder Szenenausschnitte textnah interpretiert. Da Kleists Personen vielschichtig und mehrdeutig sind, werden auch alternative Auslegungen vorgestellt. Für die exemplarischen **Einzelanalysen** wurden die berühmte Entscheidungsszene in IV. 4 und die aufeinander bezogenen Rahmenszenen des Stücks (V. 10 und V. 11) ausgewählt.

Die **Wirkungsgeschichte** gibt einen Begriff von den widersprüchlichen Lesarten, denen das Stück im Laufe der Epochen ausgesetzt war.

Zitiert wird nach der handlichen Reclam-Ausgabe. Da neben der Seitenzahl auch Szene und Vers angegeben sind, können Sie auch mit einer anderen Textausgabe gut zurechtkommen.

Gisela Wand

Einführung

Das Schauspiel *Prinz Friedrich von Homburg* entstand 1809/10. Es ist das letzte Werk, das Heinrich von Kleist geschrieben hat. Im November des Jahres 1811 war der Dichter tot; er hatte sich eine Kugel in den Kopf geschossen. Aber seinen Helden, den Prinzen, den er zum Tode verurteilen und schon sein offenes Grab sehen lässt, begnadigt er am Ende zum Leben. Diesem traumhaft guten Ausgang wagt man kaum richtig zu trauen, denn Kleist geht in seinen Stücken und Erzählungen der Unvereinbarkeit von Lebensanspruch und Lebenswirklichkeit so unerbittlich auf den tragisch-tödlichen Grund wie kein anderer Zeitgenosse. Mit Recht nannte man ihn einen „Radikaldramatiker" (Volker Klotz). Über sich selbst schrieb er der Schwester kurz vor dem Freitod: „[...] die Wahrheit ist, daß mir auf Erden nicht zu helfen war."

Warum aber kann der Prinz begnadigt werden und weiterleben? Warum entfaltet sich stellenweise sogar Komik in diesem Spiel zwischen Leben und Tod?

Man kann den *Prinz* textimmanent lesen, denn dieses Stück hat großartige, argumentativ atemberaubende, herzzerreißend-uncoole und dann auch wieder witzige Szenen und Dialoge, die für sich selber sprechen. Aber Bezüge zu Kleists Leben und der historischen Situation am Beginn des 19. Jahrhunderts kann man nicht übersehen. Die fiktive Figur des Prinzen ist wie Kleist selber Adliger, Preuße, Offizier und ein Träumer, in gewissem Sinne ein Dichter seiner selbst.

Im Drama herrscht Krieg. Gleich im ersten Akt (in I. 5) hört man hinter der Szene schießen, und im zweiten Akt findet mit Kanonendonner und Feuergarben aus Mörsern und Haubitzen eine veritable Schlacht statt, die Schlacht bei Fehrbellin. Kleist weiß, wovon er spricht, denn er hat selbst an Kämpfen mit französischen Revolutionstruppen teilgenommen und Schlachtfelder besichtigt. Seine Protagonisten sind rauflustige Herren, die zu schreien und zu fluchen verstehen, wenn auch sonst von klarem Verstand. *Prinz Friedrich von Homburg* ist ein „vaterländisches" Stück. So wie auf der Bühne die Preußen die schwedischen Eroberer aus der Mark Brandenburg wieder heraustreiben, hat sich Kleist gewünscht, dass auch sein König die Franzosen aus Berlin und Preußen verjagen würde.

Aber der Prinz von Homburg ist nicht nur ein junger Draufgänger voller Ehrgeiz, sondern auch ein Liebender und ein sonderbar zerstreuter, zerrissener und versponnener Mensch. Kleist schickt ihn – und mit ihm die Leser oder Zuschauer – auf eine dramatische Achterbahn der Gefühle. Heiterkeit kehrt sich in Zorn, strahlende Selbstsicherheit in Todesangst um und Verlorenheit am Ende in einen über alle Begriffe gehenden Glanz.

Kleists Figuren sprechen eine klare Sprache, aber sie hat nicht die Schärfe der Definition, sondern gehört Menschen, die sich selbst oft ein Rätsel sind. Folglich hat das Stück eine Fülle widersprüchlicher Interpretationen und Inszenierungen hervorgerufen. Man hat es für kriegstreiberisch gehalten und für tief human, für fragwürdig in seiner dramatischen Form und für den nie wieder erreichbaren Gipfel des deutschen Dramas überhaupt (Hans Mayer); und in Kleist sahen die einen einen preußischen Reaktionär und Verherrlicher der Monarchie und die anderen den Ahnherrn der Avantgarde (der Moderne). Jede Zeit, so scheint es, liest ihren eigenen Kleist und findet im *Prinz,* was sie selbst umtreibt, sodass die Auseinandersetzung mit diesem Stück zu einem Abenteuer werden kann.

Biografischer Hintergrund

1 Leben und Werk Heinrich von Kleists

Max Slevogt: Heinrich von Kleist (1911)

Dichtung, sofern sie diesen Namen verdient, entspringt dem Magma der Persönlichkeit: ihrem lebendigsten, heißesten Kern. Die Existenz eines deutschsprachigen Schauspiels mit dem Titel *Prinz Friedrich von Homburg* verdankt sich dem, was in Heinrich von Kleist, dem preußischen Grafen, zum Ausdruck zu kommen verlangte und ihn dazu genötigt hat, statt eines ordentlichen Offiziers oder Verwaltungsbeamten ein Dichter zu werden. In Heinrich von Kleist kreuzten sich der Anspruch und Ehrenkodex seiner traditionsbewussten Familie und das Bedürfnis nach einer ungebundenen Schriftstellerexistenz. Konservatives Preußentum, die Verzweiflung über die französische Okkupation und die Zerschlagung des Heiligen Römischen Reiches deutscher Nation rieb sich mit modernen Reformideen, Erkenntniskrisen des deutschen Idealismus und Sondierungen auf der Nachtseite des menschlichen Individuums.

Kleist kam am **10. Oktober 1777** in **Frankfurt an der Oder** zur Welt. Er ist der Sohn des Hauptmanns Joachim Friedrich von Kleist und seiner zweiten Ehefrau Juliane Ulrike, geborene von Pannwitz. Aus der ersten Ehe des Vaters stammten zwei Mädchen, von denen besonders die drei Jahre ältere **Halbschwester Ulrike** bis buchstäblich zum Tag seines Todes Kleists engste Vertraute war. An sie gehen über ein Viertel der erhaltenen Briefe.

Aus dem pommerschen Geschlecht derer von Kleist waren bereits sechzehn Generäle und zwei Feldmarschalle hervorgegangen – eine stolze Ahnengalerie, vor deren strengen Bildnissen jeder Nachkomme zu bestehen hatte. Auch der Dichter-Vorfahr Ewald Christian von Kleist (1715–1759) war Offizier gewesen.

Standesgemäß erhielt ein Kind dieser Familie Privatunterricht von jungen protestantischen Theologen, deren Christentum sich seit den Zeiten Friedrichs des Großen mit dem Vernunftbegriff der Aufklärung verbunden hatte. 1788 wurde der elfjährige Heinrich zur weiteren Ausbildung zu einem Prediger und Lehrer nach Berlin geschickt, der bereits zwei Vettern von ihm unterrichtete. Im gleichen Jahr verlor das Kind seinen Vater. Seine Mutter starb fünf Jahre später. Danach übernahm eine Tante (Auguste von Massow) den Haushalt mit den insgesamt sieben verwaisten Kindern.

Es entsprach der Tradition, dass die Söhne der Offiziersfamilien früh in die preußische Militärmaschinerie eingegliedert wurden. Heinrich war vierzehn, als er **1792** als **Offiziersanwärter** in Potsdam in das 3. Bataillon Garde eintrat. Garderegimenter unterstanden dem König direkt, ihre Mitglieder waren privilegiert und Teil der Hofgesellschaft. Die Kleists standen in annähernd so enger Beziehung zur königlichen Familie wie etwa Kottwitz, Truchß, Golz oder Stranz im *Prinz Friedrich von Homburg* zur kurfürstlichen.

1792 war zugleich das Jahr, in dem das französische Revolutionsheer in die linksrheinischen Gebiete eindrang und Speyer, Worms und Mainz besetzte. Es begannen die **Koalitionskriege** der alten Mächte Europas gegen Frankreich und den Geist der Revolution. Ab 1793 kämpfte Kleists Einheit im ersten Koalitionskrieg (1793/95) in der Rheinarmee. Der blutjunge Kleist folgte seiner Einheit nach der Beerdigung der Mutter. **Als Sechzehnjähriger** stand er bereits in drei Gefechten. Zwar sah er in den erfolgreichen französischen Bürgersoldaten vorerst nur „Raubgesindel"; aber ihn bedrückte, was er erlebte. Am 25. Februar 1795 schrieb er an Ulrike:

Gebe uns der Himmel nur Frieden, um die Zeit, die wir hier so unmoralisch töten, mit menschenfreundlicheren Taten bezahlen zu können!

Preußische Uniformen aus dem letzten Viertel des 18. Jahrhunderts (Offizier und Musketier vom Königs-Regiment Nr. 18)

Auf den Sonderfrieden von Basel 1795, in dem Preußen sich Frankreich gegenüber zur Neutralität verpflichtet hatte, folgten Jahre der Entspannung. Das 3. Bataillon Garde lag wieder in seiner Garnison in Potsdam, und Kleist berichtete, dass er gegenwärtig **mehr Student als Soldat** sei. Er beschäftigte sich mit Mathematik und Philosophie, nahm aber auch Klarinetten- und Grammatikunterricht. Standesgemäß sprach man französisch, sodass er in der deutschen Grammatik nicht ganz firm war. Auf der Klarinette brachte er es so weit, dass er und seine Freunde sich den Spaß machten, einmal als reisende Musikanten durch den Harz zu ziehen. Kleist war musikalisch und verstand auch Dichtung als musikalische Komposition. Das preußische **Militärwesen** dagegen wurde ihm in dieser Zeit zunehmend **fragwürdig.** Er verabscheute Drill und Kadaver-Gehorsam, von dem sich im *Prinz* der alte Kottwitz ausdrücklich distanziert. Kleist erlebte die berühmte Disziplin der preußischen Armee als Produkt menschenunwürdiger Dressur. Zu seinen Dienstpflichten als Offizier gehörte es, Strafen zu exekutieren, die er mit seinen Prinzipien als Mensch nicht in Einklang bringen konnte (Werke Bd. 4, Brief Nr. 3: 19. 3. 1799). Er war sich darüber im Klaren, dass er mit seinem Herkommen und den Erwartungen seiner Familie brach, als er trotz aller inneren und äußeren Widerstände **1799** den König um seinen **Abschied aus dem Militärdienst** ersuchte, um nun zu studieren. Gegen die Missbilligung der Familie verteidigte er seinen Schritt:

> *[...] Ein freier denkender Mensch bleibt da nicht stehen, wo der Zufall ihn hinstößt [...]. Er fühlt, daß man sich über das Schicksal erheben könne, ja, daß es im richtigen Sinne selbst möglich sei, das Schicksal zu leiten. Er bestimmt nach seiner Vernunft, welches Glück für ihn das höchste sei, er entwirft sich seinen Lebensplan [...]. Solange ein Mensch noch nicht im Stande ist, sich selbst einen Lebensplan zu bilden, solange ist und bleibt er unmündig [...].* (Brief Nr. 7: Mai 1799 an Ulrike)

Der Seconde-Leutnant a. D. Kleist immatrikulierte sich an seiner Heimatuniversität Frankfurt/Oder. Als Adliger konnte er nur entweder eine akademische Laufbahn einschlagen oder seinem König in einem Amt, als Beamter und Verwaltungsfachmann, dienen. Kleist belegte in Hinblick auf die zweite Laufbahn Jura und Kameralia (so etwas wie Verwaltungs- und Wirtschaftswissenschaften, zu denen Aspekte des Polizei- und Finanzwesens gehörten). Vor allem aber **studierte** er mit Freude Mathematik, Logik und Latein, er hörte Vorlesungen über deutsche Sprachlehre und Kulturgeschichte und baute seine Vorstellung des

Lebensplanes aus. Er beschloss, **nie wieder Werkzeug** sein zu wollen. An diesem Grundsatz hielt er sein Leben lang fest, Kottwitz trägt ihn im *Prinz* dem Kurfürsten vor (V. 5, S. 81). Als Kind der Aufklärung war Kleist davon überzeugt, dass Glück die Frucht eines tugendhaften, tätigen und **selbstbestimmten Lebens** sei. Vor allem aber wollte dieser Heinrich von Kleist nichts Geringeres als die Wahrheit.

In seiner Heimatstadt verlobte Kleist sich 1800 mit der Generalstochter **Wilhelmine von Zenge** und war bestrebt, die Braut ebenso zu bilden und zu „veredeln“ wie seine Schwester Ulrike. Er war dreiundzwanzig, als er sie „mein liebes Kind“ nannte, gab seine Moralvorstellungen und frisch erworbenen Kenntnisse an sie weiter, riet ihr, unbedingt Schillers Dramen, insbesondere den *Wallenstein,* zu lesen, und stellte ihr Denkaufgaben (Brief Nr. 12; Anhang).

Wilhelmine von Zenge

Wilhelmine wartete darauf, dass der Verlobte bald zu einem Amt käme, damit sie beide versorgt wären und heiraten könnten. Kleist aber schien zu fliehen. Die fachwissenschaftliche Spezialisierung beengte ihn. „Wissen kann unmöglich das Höchste sein – [...] ach, es ist traurig, nichts weiter als gelehrt zu sein“, urteilte er etwas später (Brief Nr. 38: 5. 2. 1801). Er brach das Studium ab und entzog sich für die nächsten Monate durch eine Reise nach Würzburg.

Das Ziel dieser **Würzburger Reise** liegt bis heute im Dunkeln. Kleist deutete Wilhelmine und Ulrike gegenüber an, dass es sich um etwas Lebensnotwendiges handle, und beschwor sie, nicht weiter zu fragen und ihm zu vertrauen. Er reiste in Begleitung des Freundes Ludwig von Brockes, hatte sich mit Büchern verproviantiert, las Rousseau und Fichte, konsultierte aber auch Ärzte und fasste die ersten literarischen Pläne. Die Betrachtung eines Würzburger Torbogens, dessen Steine seiner Meinung nach darum nicht stürzen, weil sie alle zugleich stürzen wollen (Brief mit Skizze Nr. 30: 16. 11. 1800), spiegelt gut sein Ringen um innere Balance. **Das Paradox wird zu seiner Denkfigur.**

Mehrfach fand Kleist künftig Beschäftigung in Berliner Ministerien und Ausschüssen (Deputationen), aber nach jeweils kurzer Zeit ließ er sich wieder beurlauben. Wenn er es nicht mehr aushielt, reiste er. Es wiederholte sich die Erfahrung, die er beim Militär gemacht hatte. Er wollte sich in die Gemeinschaft integrieren und fühlte sich doch unfähig, eine Rolle zu spielen und fremden Zwecken dienstbar zu sein. Einmal sprechen die Briefe Klartext: „**Ich will kein Amt nehmen**", heißt es am 13. 11. 1800 (Brief Nr. 27). Kleist spürte, dass er ganz andere, „seltenere" Fähigkeiten als die im Staatsdienst brauchbaren besaß (ebd.). Mit allen inneren Kräften schien er sich auf seinen Durchbruch zum Dichter zu konzentrieren. Die Weichenstellung zu einem Dasein als Dichter hat man lange in der sogenannten **Kantkrise** des Frühjahrs 1801 gesehen, und auch heute spricht manches für die Richtigkeit dieser Vermutung.

Immanuel Kant, der deutsche Philosoph der Aufklärung, hatte die Reichweite der menschlichen Vernunfttätigkeit ausgelotet und ihre Begrenztheit klar bestimmt. Kants Argumentation erschütterte Kleist tief. Er sah durch sie seine Erwartung zunichte werden, sein Leben planvoll als Teil eines erkennbaren, naturgegebenen Sinngefüges zu gestalten (vgl. *Interpretationshilfe*, S. 79 ff.).

Es mag sein, dass Kleist die Einsicht in die Relativität und Unzulänglichkeit menschlicher Erkenntnis ein wenig als Krise inszeniert hat, um Distanz von der Vereinnahmung durch ein Amt sowie durch die Braut zu gewinnen (Schulz, S. 206). Oder er hat eine Krise gebraucht, weil er nicht offen zugeben konnte, dass er nichts anderes als ein Dichter sein wollte. Denn zu dichten „galt in Preußen nicht als ehrenhaft" (Schmidt, S. 12 ff.). Von Bedeutung bleibt, dass Kleist den anerzogenen Rationalismus infrage stellen musste und „dem Unmöglichen eine Möglichkeit gewährt" (Földényi, S. 419), ohne doch ein Romantiker werden zu können. Er sah den Menschen um die Bereiche des Traums, des Irrationalen und Unterbewussten erweitert und kannte die tiefe Sehnsucht nach dem Heilenden und Wunderbaren, nach der Erlösung durch die Religion und am Ende durch den Tod. Dennoch blieb er der Vernunft verpflichtet, deren Unzulänglichkeit ihm aber bewusster war als den Aufklärern vor ihm. Für diese komplizierten, oft genug unsagbaren inneren Verwerfungen entwickelte Kleist eine bisher so noch nie vernommene Sprache; aus ihnen heraus leben seine Erzählungen und die Dramen.

Zunächst brach Kleist zusammen mit der Schwester **nach Frankreich** auf, entschlossen, nicht zurückzukehren, bevor er nicht herausgefunden hätte, was aus ihm werden sollte. Während des **Parisaufenthalts** (Juli bis November 1801) wurden sie von Alexander von Humboldt persönlich in Gesellschafts- und Gelehrtenkreise eingeführt, und Kleist hörte naturwissenschaftliche Kollegs; hier entstand auch die erste Fassung der Erzählung *Die Verlobung in St. Domingo*, und Kleist begann seine Arbeit am groß angelegten Dramenentwurf *Robert Guiskard, Herzog der Normänner.* Aber Selbstvorwürfe, Wilhelmine nur unglücklich machen zu können, nagten an ihm. Dann wieder baute er auf sein Genie und bat um Vertrauen und Geduld: „[W]arte zehen Jahre u Du wirst mich nicht ohne Stolz umarmen", verhieß er schon früher (Brief Nr. 29: 13. 11. 1800). Er war versucht, den ganzen „prächtigen Bettel von Adel und Stand und Ehre und Reichtum" fahren zu lassen, um unter welcher Sonne auch immer frei mit ihr zu leben (ebd.). Er wollte von Konventionen und Vorurteilen frei sein. Jahrelang unterschrieb er seine Briefe ohne Adelsprädikat.

In Paris fasste Kleist den Entschluss auszusteigen. Er wollte im Geist Rousseaus zurück zur Natur und sich **in der Schweiz als Bauer** niederlassen. Ein Nachleuchten dieser Episode scheint es in der Todesfurchtszene des *Prinz von Homburg* zu geben, als der Prinz allen Privilegien entsagt und darum fleht, nur säen, ernten und „in den Kreis herum das Leben jagen" zu dürfen (III. 5, S. 56 f.). Am 10. Oktober 1801 wurde Kleist 24 Jahre alt und damit mündig und berechtigt, über sein Vermögen zu verfügen. An diesem Tag bat er Wilhelmine brieflich, ihm als seine Landfrau in die Schweiz zu folgen. Ulrike war bereits verärgert allein nach Frankfurt an der Oder zurückgekehrt. Da auch Wilhelmine ihm die Gefolgschaft versagte, entlobte sich das Paar.

Kleist-Miniatur von Peter Friedel (1801)

Kleist suchte ausführlich nach dem geeigneten Gehöft und beschäftigte sich mit landwirtschaftlichen Fragen. Da aber auch die Schweiz unter französischen Einfluss geriet, mietete er schließlich nur ein Haus auf einer Aare-Insel bei Thun. Er blieb dort bis Mitte 1802: Auch die Idylle erwies sich lediglich als ein Provisorium. Seine finanziellen Mittel gingen zur Neige.

Äußerlich stand Kleist 1802 als ein **rundum Gescheiterter** da. Er hatte die Ausbildung zum Offizier, zum Beamten und zum Landwirt abgebrochen und war privat gescheitert. Er war mittellos geworden, konnte den Apotheker nicht bezahlen und machte Schulden: Permanent halfen die treue Schwester und Marie von Kleist, eine Verwandte und Freundin in Berlin, mit ihren Vermögen aus. Und dennoch loderte mitten in der Niederlage und Verzweiflung und trotz aller Anfechtungen in Kleist immer deutlicher und verzehrender der **Ehrgeiz**, sich als Dichter einen Namen zu machen. Schriftstellerische Anfänge aus der Zeit in Würzburg und Paris gewannen im Aargau deutlichere Umrisse. Die Reisestationen haben etwas von Exerzitien an sich: Zurückgezogen wollte Kleist herausfinden, wer er sei. Im Aargau schrieb er sein Erstlingsdrama *Die Familie Schroffenstein*, das – vorerst anonym – in Bern und Zürich erschien. Es keimte der Plan zum Lustspiel *Der Zerbrochne Krug* in ihm, er trieb die Arbeit am *Guiskard* voran und entwarf erste Szenen zur vielleicht schönsten deutschen Komödie, dem *Amphitryon*.

Der hochgeachtete Schriftsteller **Christoph Martin Wieland** (1733–1813), der Einfluss auf den Hof in Weimar, auf Goethe und das deutsche Kulturleben hatte, lud Kleist als Freund seines Sohnes zu sich nach Oßmannstedt bei Weimar ein. Seine Tochter Luise freute sich bald auf die Wiederkehr „dieses zauberischen Kleist" (Kraft, S. 67). Wieland fand den jungen Mann schwierig und verschlossen. Als er aber den in Gesellschaft gehemmten, oft verstummenden Gast eines Tages dazu bringen konnte, ihm aus dem Gedächtnis ein Stück des *Guiskard* vorzutragen, war er überwältigt. Er erkannte das **Meisterwerk** und rühmte Kleist als den kommenden deutschen Dichter. Dauerhaft festigen konnte ihn aber Wielands Zuspruch nicht. Nach dem gescheiterten Schweizer Projekt schlug er sich ohne regulären Wohnsitz weiter durch. Einmal fand man ihn in Dresden, dann in Leipzig, dann wieder zog sein treuer Jugendfreund Ernst von Pfuel mit auf eine Fußreise nach Bern, Mailand, Genf und Paris, um ihn aus seiner Depression zu reißen. Kleist wollte mit Pfuel nach Australien auswandern oder sterben. In Wirklichkeit aber wollte er nichts anderes als den **Ruhm** und hielt sich in guten Stunden dafür geschaffen, selbst Goethe in den

Schatten zu stellen. Aber in Paris vermochte er es trotz aller Anstrengung nicht, seinen *Guiskard* über den ersten grandiosen Akt hinaus auf gleicher Höhe weiterzuführen. Er verbrannte das Manuskript. Aus der Schweiz hatte er der Schwester geschrieben:

> *Ich habe keinen anderen Wunsch, als zu sterben, wenn mir drei Dinge gelungen sind: ein Kind, ein schön Gedicht, und eine große That.* (Brief Nr. 68: 1. 5. 1802)

Das „schön Gedicht", der *Guiskard,* sollte der Welt und der Familie zeigen, dass er bemerkenswert und des Namens Kleist würdig sei. Sein **Scheitern** machte ihn krank. „Nun ist es aus", schrieb er der Schwester, „ich stürze mich in den Tod" (Brief Nr. 81: 26. 10. 1803). Er suchte den Tod in der Schlacht. „Mit blinder Unruhe" irrte er ohne Pass umher, schlug sich schließlich in die Gegend von Dover (nach St. Omer) durch und wollte sich mit der französischen Invasionsarmee nach England einschiffen (Brief Nr. 87: 2. 8. 1804). Zweimal schickte man ihn wieder fort. Dann setzten ihn Freunde mit einem Pass nach Potsdam in Marsch. Bevor er dort ankam, scheint er monatelang in Mainz in der Obhut des mit Wieland befreundeten Arztes Dr. Wedekind geblieben zu sein.

Der preußische Botschafter in Paris hatte Kleists befremdliche Exkursion zum Gegner nach Berlin gemeldet. Die Sache hätte zur Kabinettsvorlage und zu einem Hochverratsprozess gegen Kleist werden können. Die Situation war ähnlich prekär wie die des Prinzen von Homburg (ab II. 10). Dennoch wagte es Kleist im Sommer 1804, im Charlottenburger Schloss vorzusprechen. Im Vergleich mit heutigen Dienstverhältnissen ist die Haltung des preußischen Dienstherrn schier unglaublich. Der König nahm Kleist ab, dass ihn Gemütskrankheit ins französische Heer getrieben habe. Er sah ihm seine Abbrüche des Militär- und Zivildienstes nach. Er verzieh ihm seine undurchsichtigen Auslandsaufenthalte und seine „Verschen" – gemeint ist sein dichterisches Werk (!) – und gab ihm gnädig eine **neue Chance im**

Staatsdienst (Brief Nr. 82 und Nr. 87 an Ulrike: 24. 6. 1804 und 2. 8. 1804). Einen Kleist ließ man nicht fallen.

Im Mai 1805 trat Kleist seinen Vorbereitungsdienst an der Domänenkammer in **Königsberg** in Ostpreußen an. Er bereitete sich darauf vor, nach dem Examen in Franken, im preußischen Ansbach-Bayreuth, bei der Durchsetzung einer Verwaltungsreform nach der Musterverfassung mitzuwirken, die sein Vorgesetzter und Gönner Freiherr vom Stein zum Altenstein soeben ausarbeitete. Aber Preußen verlor das Fürstentum Ansbach an Bayern. Zudem ließ sich Kleist knapp vor dem Examen und trotz aller Freundschaft, die Altenstein ihm entgegenbrachte, im August 1806 endgültig aus dem Staatsdienst beurlauben.

Kleist musste seinen Unterhalt nun **freiberuflich** als **Schriftsteller und Verleger** verdienen. In Königsberg war sein Werk weiter angewachsen. Er hatte dort an der umfangreichen Novelle *Michael Kohlhaas* gearbeitet, am bereits begonnenen *Amphitryon* und am unheimlichsten Stück zum Geschlechterkampf, das die Literatur kennt, an der *Penthesilea.*

Bereits im *Guiskard*-Fragment, im *Michael Kohlhaas,* der *Penthesilea*, der *Marquise von O.* und im *Amphitryon* herrscht **Krieg**. Kleist entnahm seine Stoffe der antiken Mythologie oder der Geschichte, aber er behandelte darin die Themen, die ihn und seine Gegenwart bewegten. Aktuell war Krieg. General **Napoleon Bonaparte**, 1804 vom Ersten Konsul zum selbsternannten Kaiser der Franzosen aufgestiegen, hatte Europa politisch umgepflügt. Er beherrschte Italien, Spanien und Portugal, forderte von England Ägypten und Malta und isolierte die Briten wirtschaftlich; das Rheinufer hatte er zur französischen Grenze gemacht. Nach dem glänzenden Sieg über das österreichisch-russische Heer in der Schlacht von Austerlitz (1805) zerschlug er Österreich und liquidierte das Heilige Römische Reich deutscher Nation. Wo immer Kleist sich auf seinen Reisen aufhielt, in Würzburg ebenso wie in Bern und Thun in der

Schweiz oder in Oberitalien, berannten französische Eroberer die Städte und Festungen. Nun aber ging sein Preußen schmachvoll unter. Als Friedrich Wilhelm III. 1806 mobil machte, weil Napoleon elementare preußische Interessen (die Bildung des Nordischen Bundes) torpedierte, erklärte Frankreich Preußen den Krieg, fügte ihm bei **Jena und Auerstedt (1806)** die demütigendste Niederlage zu, marschierte durchs Brandenburger Tor in Berlin ein und vernichtete Preußen als Großmacht.

Einzug Napoleons an der Spitze seiner Garden durch das Brandenburger Tor; Chromotypie nach der Zeichnung von Richard Knoetel (1896)

Kleist versuchte, sich mit Freunden von Königsberg aus durchs besetzte Land nach Westen durchzuschlagen, wurde aber Ende Januar 1807 von den Franzosen festgenommen. Man hielt ihn für einen Spion und brachte ihn als **Staatsgefangenen** auf die Festung Joux bei Neufchâtel. Später verlegte man ihn nach Châlons-sur-Marne. Erst im August kam er frei, musste sich aber beim französischen Kommandanten von Berlin zurückmelden.

Titel der Zeitschrift *Phöbus* (1808)

Mit Pfuel und Rühle von Lilienstern wich er nach **Dresden** aus, verkehrte mit den dort ansässigen Dichtern und gründete zusammen mit dem konservativen Staatsrechtslehrer Adam Müller die **Zeitschrift „Phöbus"**, ein Kunstjournal. Kleist veröffentlichte darin viel Eigenes, auch den rekonstruierten ersten Akt des *Guiskard.* Das *Käthchen* hatte in Wien Erfolg, die Presse war auf ihn aufmerksam geworden; er wurde zu einer Berühmtheit. Kleist war voller Freude, als er bei einem Essen an seinem 30. Geburtstag vom österreichischen Gesandten mit **Lorbeer**, der Krone der Poeten, bekränzt wurde. Er hatte ein fast religiöses Verhältnis zum Ruhm und wusste aus innerstem Empfinden, was er seinen Prinzen von Homburg in der ersten Szene des Schauspiels träumen lässt. Dessen Ehrgeiz brannte auch in ihm. Darum war für Kleist die Reserviertheit und sogar Ablehnung Goethes besonders schmerzlich. Mit seiner Einrichtung für das Weimarer Theater hatte Goethe den *Zerbrochnen Krug* verunstaltet. Auch lehnte er es ab, seinen Namen mit dem *Phöbus* in Verbindung zu bringen. Abfällig urteilte er, Kleist sei „ein bedeutendes, aber unerfreuliches Meteor" (Kraft, S. 101). *Phöbus* musste nach einem halben Jahr wieder eingestellt werden.

Dresden war Hauptstadt des Königreichs Sachsen, das zu den Rheinbundstaaten gehörte. Als Österreich Anfang April 1809 Frankreich abermals den Krieg erklärte, stand Sachsen zwangsläufig auf der Seite der Franzosen. Kleist verließ daraufhin Dresden und ging mit dem Historiker Dahlmann, dem späteren Haupt der „Göttinger Sieben“, nach **Prag**, wo sich damals alles sammelte, was die Wiedergeburt Deutschlands ersehnte (Kraft, S. 137). Die Forschung spricht von Kleists „**vaterländischer Wende**“. Er wurde zum Nationalisten und Napoleonhasser, wollte dem Vaterland durch seine Feder dienen, ließ grelle Kriegsgedichte kursieren, schrieb eine blutrünstige Gegenmarseillaise und rief mit dem Drama *Die Hermannsschlacht* (1808) – ähnlich wie Schiller mit dem *Wilhelm Tell* (1804) – indirekt dazu auf, sich gegen den Aggressor zu erheben und ihn aus dem Land zu jagen. Wie die gesamte junge Generation vor den Befreiungskriegen sprach auch Kleist neuerdings statt von Preußen, Bayern oder Sachsen von „den Deutschen“. Er setzte auf den Sieg Wiens und wollte eine Zeitschrift mit dem Titel *Germania* gründen. Der Revolutionsparole „Freiheit, Gleichheit, Brüderlichkeit“ begegnete er mit der Gegenparole „**Freiheit, Vaterland, Rache**“. Er erwog sogar ein Attentat auf Napoleon. Aber Österreich musste nach der Niederlage von Aspern (1809) einen Friedensvertrag mit Frankreich unterzeichnen, und der Traum vom Widerstand war vorerst aus.

Henriette Vogel erklärte sich bereit, zusammen mit Kleist zu sterben.

In seinen beiden letzten Lebensjahren lebte Kleist wieder in **Berlin**. Er verkehrte mit den Romantikern Arnim, Brentano, Tieck, Wilhelm Grimm und de la Motte Fouqué, besuchte den Salon der Rahel Levin (verheiratete Varnhagen von Ense) und war häufiger Gast bei Marie von Kleist und auch im Hause Vogel, wo er und die Dame des Hauses, Vogels Ehefrau Henriette, ganze Abende am Fortepiano verbrachten, spielten und Choräle sangen (Kraft, S. 172). Kleist erlebte die Veröffentlichung seiner Erzählungen in zwei Bänden. Der *Zerbrochne Krug* wurde gedruckt, das romantisch-märchenhafte Ritterstück *Das Käthchen von Heilbronn* wurde beliebt, und Kleist war glücklich über die Auszeichnung, der Königin Luise zum Geburtstag ein Sonett überreichen zu dürfen. Existenzgrundlage sollten die 1810 – abermals mit Adam Müller zusammen gegründeten – **Berliner Abendblätter** werden. Zunächst riss man sich um diese Zeitung, denn sie enthielt neben bedeutenden Aufsätzen und Erzählungen Sport-, Kultur- und Polizeiberichte und Hofklatsch. Aber Müller verärgerte die Regierung, Kleist überwarf sich mit Iffland, dem gegenwärtigen Berliner Theaterintendanten, und er verlor seinen wichtigsten Informanten, den ihm gewogenen Polizeipräsidenten von Berlin. Im Kabinett fand er keinen Fürsprecher mehr, seit sein Freund Altenstein durch Minister von Hardenberg im Amt abgelöst worden war. Am 30. 3. 1811 musste das Abendblatt eingestellt werden.

Kleist stand immer wieder am Abgrund. „[E]s ging streng in ihm her, er war wahrhaft und litt viel", charakterisierte ihn Rahel Levin (Schulz, S. 532). Sein kurzes Leben lang hatte er Freunde wie Pfuel und Freundinnen wie Marie von Kleist und Karoline von Schlieben mehrfach gebeten, zusammen mit ihm in den Tod zu gehen. Nun fand er in **Henriette Vogel** eine todkranke und darum zum gemeinsamen Freitod bereite Freundin. In Abschiedsbriefen begründete Kleist seinen Entschluss: Er wollte seiner Familie Ehre machen, sehe sich aber von den Geschwistern als „nichtsnütziges Glied der menschlichen Gesellschafft" verworfen. Auch die sich anbahnende Allianz zwischen seinem König und dem Feind, den Franzosen, drücke ihn nieder. In ihm sei eine festgewurzelte, unheilbare Traurigkeit. Er war wirtschaftlich am Ende, psychisch tief gekränkt und übermäßig dünnhäutig geworden:

> *Meine Seele ist so wund, daß mir, ich mögte fast sagen, wen ich die Nase aus dem Fenster stecke, das Tageslicht wehe tut, das mir darauf schimmert.*
> (Brief Nr. 251 an Marie von Kleist: 10. 11. 1811)

Der Schwester schrieb er am Morgen seines Todes:

> *Du hast an mir gethan [...], was [...] in Kräften eines Menschen stand, um mich zu retten: die Wahrheit ist, daß mir auf Erden nicht zu helfen war.* (Brief Nr. 255: 21. 11. 1811)

Kleist und Henriette Vogel gingen gelöst und voll Heiterkeit in den Tod. Sie übernachteten im Gasthaus *Neuer Krug* am Wannsee. Die Wirtsleute, die ihnen am Morgen des 21. November 1811 Tisch und Stühle auf einen kleinen Hügel stellten, glaubten zwei fast ausgelassen glückliche Menschen zu sehen. Dann hörten sie zwei Schüsse: Kleist hatte erst die Freundin und dann sich erschossen.

Am Kleinen Wannsee befinden sich ihr Grab und ein Gedenkstein für Kleist. Ein zweiter für Henriette Vogel wurde erst 2003 gesetzt (Siebert, S. 314). Gedenkstein und Inschrift für Kleist wurden im Laufe der Zeit mehrfach ausgetauscht. Seit 1861 trug ein erneuerter Stein den Spruch: „Er lebte, sang und litt in trüber schwerer Zeit, er suchte hier den Tod und fand Unsterblichkeit." Aber die Nazis eliminierten, womit ein jüdischer Dichter Kleist geehrt hatte, sodass seit 1941 mit dem Vers aus dem *Prinz* „Nun, o Unsterblichkeit, bist du ganz mein" Kleist mit seiner Kunstfigur ganz verschmolz.

Kleist erlebte nicht mehr, dass sein König die Aufführung des *Prinz Friedrich von Homburg* verbot, weil darin ein preußischer Held vor Todesfurcht zittert. Er erlebte aber auch nicht mehr die Befreiungskriege, den Sieg über Napoleon in der Völkerschlacht bei Leipzig (1813) und den endgültigen Sieg der Österreicher, Engländer und Preußen über Napoleon bei Waterloo (1815).

Übrig bleibt ein Paradox: Ohne den vielfach gescheiterten Heinrich, der um die Anerkennung seiner Familie rang, wäre heute der Name Kleist vergessen. „Ein Quark wäre der Name Kleist ohne ihn“, konstatierte Thomas Mann schon 1954. Und:

Ich weiß nicht, und kein Mensch weiß es mehr recht, welche strammen Verdienste um Brandenburg sich Majore und Generale von Kleist erworben haben, aber das weiß ich, daß es in Gottes weiter Welt nur einen Kleist gibt, und das ist er, der Dichter der „Penthesilea“, des „Michael Kohlhaas“ und des einen kolossalen Aktes von „Robert Guiskard“ [...].
(Thomas Mann, Leiden und Größe ..., S. 500)

2 Entstehung des „Prinz Friedrich von Homburg“

Heinrich von Kleist begann mit der Niederschrift des *Prinz Friedrich von Homburg* 1809 in Dresden und schloss sie vermutlich 1810 in Berlin ab. Im Sommer 1811 verhandelte er über die Drucklegung des endgültig überarbeiteten Manuskripts.

Der *Homburg* besitzt einen doppelten historischen Bezug. Als Vorlage für Handlung und Konflikt griff Kleist auf Überlieferungen zur Schlacht von Fehrbellin zurück. Der Sieg bei Fehrbellin am 28. Juni 1675 brachte den geschichtlichen Wendepunkt für den Aufstieg Preußens zur Großmacht, und eben darum wurde der Ort zum preußischen Mythos. Kleist interessierte die **Geschichte als Rohstoff:** Er schöpfte daraus und veränderte Charaktere und Zusammenhänge entsprechend seinem dramatischen Konzept. Er hatte nicht im Sinn, ein Historiendrama zur Verklärung des Herrscherhauses auf die Bühne zu bringen, sondern er diskutiert in seinem *Homburg* die um 1809 brennende Frage der Erhebung gegen Napoleon. Der historische Kampf gegen die Schweden sollte seinen zaudernden König Friedrich Wilhelm III. ermuntern.

Kurfürst Friedrich Wilhelm von Brandenburg (1620–1688) war der absolutistische Herrscher, der das Fundament für den preußischen Militärstaat schuf. Sein Nachkomme **Friedrich der**

Große stilisierte ihn in seinen *Denkwürdigkeiten zur Geschichte Brandenburgs* 1751 zum Idealbild. Er setzte die **Legenden vom Opfertod Frobens und der Insubordination Homburgs** in die Welt, um die Gefolgschaftstreue der Untertanen und die Großmut und Güte dieses Vorfahren darzulegen.

Historisch zunächst zutreffend wird in den *Denkwürdigkeiten* berichtet, dass der Kurfürst damit beschäftigt war, die Franzosen am Oberrhein aus rechtsrheinischem Reichsgebiet zurückzudrängen, als er die Nachricht erhielt, die (von Frankreich finanzierten) Schweden seien in die Mark eingefallen. In Parforce-Ritten, die Infanterie hinter sich lassend, kehrte er daraufhin mit der gesamten Reiterei nach Fehrbellin zurück. Auf die Schnelligkeit seiner Rückkehr waren die Schweden nicht gefasst. Dem Landgrafen Friedrich von Hessen-Homburg war der Vortrab mit 1 600 Reitern anvertraut; er sollte sich aber vorerst auf keinen Kampf einlassen. Die *Denkwürdigkeiten* fügen hier die berühmte Insubordination, also seinen Akt militärischen Ungehorsams, an: Der heißblütige Landgraf habe auf eigene Faust angegriffen. Dabei habe er sich in einen Kampf verwickelt, der einen verhängnisvollen Ausgang genommen hätte, wäre ihm nicht der Kurfürst mit seinen Reitern zur Hilfe gekommen (Werke 2, S. 1 165 ff.).

Mit der gefährlichen Eigenmächtigkeit Homburgs kontrastiert die Selbstlosigkeit des Stallmeisters von Froben. Froben habe sich unter einem Vorwand den Schimmel des Kurfürsten für sich ausgebeten, weil dessen Farbe den Feinden ins Auge stach. „Er hatte den Schimmel ein paar Augenblicke geritten, als er selber tödlich getroffen ward." (ebd.)

Der Legende nach verzieh der Kurfürst dem Landgrafen von Homburg seinen Leichtsinn mit folgenden Worten: „Wenn ich Euch nach der Strenge des Kriegsgesetzes richtete, hättet ihr das Leben verwirkt. Aber verhüte Gott, daß ich den Glanz eines solchen Glückstages beflecke, indem ich das Blut eines Fürsten vergieße, der ein Hauptwerkzeug meines Sieges war!" (ebd.)

Der Kurfürst verzeiht dem Prinzen; Schabkunstblatt von Johann Joseph Freidhoff nach einem Gemälde von Karl Heinrich Kretschmar (1800)

Kleist behält die Froben-Legende bei, aber die Reaktion des Kurfürsten auf Homburgs Ungehorsam verkehrt er ins Gegenteil. Die Schlacht ist im Stück korrekt lokalisiert, aber den Schlachtplan (I. 5) hat Kleist nach dem Vorbild der Schlacht bei Aspern (1809) entworfen, Homburgs Rolle während der Schlacht (II. 2/II. 5) ist der Überlieferung gegenüber verändert. Der historische Homburg hatte sich weder strafbar gemacht noch musste er herausgehauen werden, wie die Legende es will, sondern er war im rechten Moment dem bedrängten Derfflinger (im Stück: Dörfling) beigesprungen und „trug wesentlich dazu bei, das Kriegsglück vor Fehrbellin an die preußische Fahne zu heften" (WdF 67, Erich Schmidt, S. 30).

Im Übrigen ist Kleists Prinz von Homburg eine empfindsame, poetische Gestalt, die mit dem historischen Homburg wenig zu tun hat. **Der wirkliche Landgraf Friedrich II. von Hessen-Homburg** war zur Zeit der Schlacht von Fehrbellin 42 Jahre alt und in zweiter Ehe mit einer Nichte des Kurfürsten verheiratet. Natalie von Oranien hat Kleist sich ausgedacht. Homburg war ein barocker Kämpe in schwerer Rüstung. Lange hatte er in schwedischen Diensten gestanden, denn im 17. Jahrhundert kämpfte man weniger für sein Vaterland als für Sold: Krieg war vor allem ein Handwerk. Bei der Belagerung von Kopenhagen hatte Homburg ein Bein verloren und hieß fortan der Landgraf mit dem silbernen Bein. Den genauen Hergang der Schlacht bei Fehrbellin schilderte er seiner Frau in einem noch erhaltenen Brief. Er nennt darin die Verluste auf beiden Seiten, beklagt auch Frobens Tod, ohne von einer Aufopferung oder einem Pferdetausch etwas zu erwähnen, und fügt an, dass sie sich nach getaner Arbeit auf der Walstatt, „da mehr als 1 000 Todten umb uns lagen, gessen, und uns brav lustig gemacht [...]“ hätten (Werke 2, S. 1 164).

Friedrich II. von Hessen-Homburg

Seit seiner Zeit in Königsberg war Kleist mit den **Ideen der** gegenwärtig aktiven **Reformpartei** vertraut. Für unerlässlich hielt er besonders eine Reform des veralteten preußischen Heerwesens. Mit August Neidhardt von **Gneisenau** und anderen Mitarbeitern um den Leiter des Kriegsministeriums General von Scharnhorst stand er – u. a. als Kurier subversiver Post – in lebhaftem Kontakt. Nationale Begeisterung hatte die Volksheere der Französischen Revolution in Bewegung gesetzt. Um die eigene Schlagkraft zu erhöhen, setzten auch Scharnhorst, Gneisenau, Clausewitz und ihr Kreis nicht weiter auf preußischen Drill, sondern auf eine Bürgerbewegung, auf Bürgermilizen sowie patriotische Gesinnung und eine gewisse Eigenverantwortlichkeit des Soldaten. Die Prügelstrafe wurde abgeschafft.

Am 25. Mai 1809 besichtigte Kleist zusammen mit dem Freund Dahlmann das Schlachtfeld von **Aspern**, auf dem eben die Österreicher abermals von Napoleon geschlagen worden waren. Nach Aspern, glaubte er, könne auch Preußen nun nicht länger stillhalten. Aber Friedrich Wilhelm III. verbot scharf jede Voreiligkeit der unruhigen Freikorps im Lande und erwog sogar die Koalition mit Frankreich. Mit großer Härte ging er im **Fall Schill** vor, der Kleist überaus naheging. Major Ferdinand von Schill (1776–1809) war von Scharnhorst auf den Aufstand vorbereitet und zugleich dringlichst vor Voreiligkeit gewarnt worden. Unbedingt habe er das verabredete Zeichen zum Aufstand abzuwarten (Werke 2, S. 1 175). Aber Schill rückte im April 1809 mit seinem Regiment eigenmächtig aus der Berliner Garnison aus und griff französische Truppen an. Er fiel im Straßenkampf in Stralsund. Im Herbst ließ der König 11 Offiziere sowie 14 Unteroffiziere und Soldaten aus Schills Regiment erschießen.

> *Weil Schills militärisches Ende für Kleist auch das Ende seiner politischen Hoffnungen signalisieren mußte, hat er die Rettung, die Schill versagt blieb, seinem fiktiven Heißsporn, dem Prinzen von Homburg, im unwahrscheinlichen Gnadenakt des Kurfürsten zuteil werden lassen.* (ebd., S. 1 174)

Kleist hatte vor, sein Stück der Königin Luise zu widmen. Er wusste, dass sie Sympathie für die Ideen und Pläne der Reformer hegte. Da diese sehr verehrte und geliebte Königin am 19. 7. 1810 starb, schrieb er seine Widmung an Prinzessin Amalie

Marie Anne um, die ausgerechnet eine geborene Hessen-Homburg war. Er hoffte, dass die königliche Familie das Stück günstig aufnehmen und ihm zum Erfolg verhelfen werde.

Friedrich Wilhelm III. und seine Gattin Luise. Gemälde von F. G. Weitsch (1799)

Die Entstehungsgeschichte des *Homburg* lässt erwarten, dass es sich um ein zeitgebundenes Agitationsstück, ein Stück „engagiertes Theater“ handle. Aber der Stoff vertieft sich in Kleists Hand zur generellen Frage nach Ort und Orientierung des Individuums zwischen Außen- und Innensteuerung. Darüber vergisst man über weite Szenen hinweg, dass gerade Krieg ist in Brandenburg. Außerdem legt Kleist keinen Wert darauf, ein „Originalgenie“ zu sein, sondern er ist ein Mensch, der rastlos sucht und sich bildet. So ist auch der *Prinz* Literatur aus Literatur. Kleist baut mit seinem Drama auf Werken von Lessing und Klopstock, Goethe (*Egmont, Tasso* und *Faust*) und Schiller (*Wallenstein* und Gedanken zur Würde, zur Anmut und zum Erhabenen) und vielen anderen auf, und er korrespondiert mit dem Ideengut der Romantiker. Auch diese **Intertextualität**, die innere Auseinandersetzung mit anderen gedanklichen und ästhetischen Konzepten, macht den *Prinz* vielschichtig und aufregend.

Inhaltsangabe

Erster Akt

Szene I. 1 Das Stück beginnt in einer Sommernacht zwischen zwei Schlachten in Fehrbellin. Der Reitergeneral Prinz Friedrich Arthur von Homburg ist mit seinen Schwadronen von der erfolgreichen Verfolgung der feindlichen Schweden für lediglich „drei Futterstunden" ins Hauptquartier zurückgekehrt. Als man bereits um 22 Uhr wieder aufsitzt, fehlt er. Sein Freund Graf von Hohenzollern findet ihn schlafwandelnd im Garten des Schlosses. Er führt das Kurfürstenpaar und Prinzessin Natalie von Oranien herbei. Im Schein von Fackeln betrachten sie halb erschrocken, halb ungläubig die befremdliche Szene. Tief versunken sitzt der Prinz unter einer Eiche und windet sich aus Lorbeerzweigen einen Kranz. Der Kurfürst erlaubt sich ein Experiment. Ihn interessiert, wozu ein Schlafwandler fähig ist, deshalb greift er in den Traum des Prinzen ein: Er nimmt den Lorbeerkranz, schlingt seine Kette darum und gibt Natalie den Wink, den Träumenden damit zu krönen. Da steht Homburg auf, nennt Natalie seine Braut, das kurfürstliche Paar Vater und Mutter und will nach dem Kranz greifen. Als man sich ihm eilig entzieht, bleibt Nataliens linker

Bruno Ganz (re.) als schlafwandelnder Prinz; Inszenierung von Peter Stein (1972)

Handschuh bei ihm zurück. Den Kurfürsten empören Homburgs Fantasien: Ruhm und Glück erringe man nicht im Schlaf. Die Tür zum Schloss fliegt zu; der Prinz bleibt alleine zurück.

Szene I. 2 Eine Pantomime: Der Prinz, noch immer ganz in sich versunken, kehrt zu seiner Bank zurück und schaut dabei unverwandt und verwundert zur Schlossrampe und zu der Tür, durch die die Hofgesellschaft verschwunden ist.

Szene I. 3 Der Kurfürst lässt Hohenzollern ausrichten, dass er über die Geschehnisse der Nacht – über seinen „Scherz“ mit dem Prinzen – Stillschweigen zu bewahren habe.

Szene I. 4 Hohenzollern kehrt zurück. Um den Prinzen in die Wirklichkeit zurückzuholen, spricht er ihn mit seinem Namen an. Abrupt fällt der Prinz daraufhin um. Als er danach zu sich kommt, möchte er angekleidet werden und rasch ins Feld ziehen. Er weiß weder, wo er ist, noch welchen Handschuh er in der Hand hat, und erkennt unwillig, dass er abermals geschlafwandelt ist. Er erfährt, dass das Regiment längst aufgebrochen ist. Da aber Obrist Kottwitz es führt, kann er beruhigt sein und die Befehlsausgabe für die morgige Schlacht abwarten; sie ist für zwei Uhr nachts anberaumt.

Dem Freund vertraut der Prinz seinen sonderbaren Traum in allen Einzelheiten an. Der Kurfürst und seine Begleiter sind ihm darin als überirdische Lichtgestalten erschienen. Wie Götter hätten sie sich zu ihm niedergelassen, um ihn mit Lorbeer zu umkränzen, und wie Götter seien sie von Glanz umflossen zurück ins Himmelstor entschwunden. Er weiß nichts von den Verdammungsworten des Kurfürsten und seinen eigenen Worten, die er an das kurfürstliche Paar und Natalie gerichtet hat. Unbegreiflich ist ihm, dass aus diesem Traum ein realer Gegenstand in die Wirklichkeit hinüber gelangt ist, ein Traumrest in Gestalt eines Damenhandschuhs. Um die richtige Spur zu verwischen, witzelt Hohenzollern, dass wohl diese oder jene schöne Hofdame ihren Handschuh bei ihm vergessen haben wird, und nennt Namen. Homburg gibt sich damit zufrieden, dass es wohl entweder die Platen oder die Ramin gewesen sein könnte.

Als er sich plötzlich nach der Kurfürstin und Natalie erkundigt, zuckt Hohenzollern zusammen. Aber Homburg will lediglich wissen, ob seine Reiter bereits dem Auftrag nachgekommen sind, die Damen weg vom morgigen Kriegsschauplatz zu führen.

Szene I. 5 (Paroleszene) Ein Saal im Schloss. Entgegen Hohenzollerns Versicherung sind die Damen doch noch anwesend, ihre Abreise steht aber unmittelbar bevor. Dadurch vollziehen sich zwei Handlungen gleichzeitig. In der einen Hälfte des Saals diktiert Feldmarschall Dörfling der versammelten Generalität im Auftrag des Kurfürsten die einzunehmenden Stellungen und das Timing beim bevorstehenden Angriff auf die Schweden im Gelände zwischen den Hackelbergen und dem Rhyn-Fluss unweit Fehrbellins. Im Hintergrund (oder der anderen Saalhälfte) verabschiedet sich der Kurfürst von seiner Gemahlin und Natalie. General Prinz Friedrich von Homburg kann sich nicht konzentrieren. Das Traumgeschehen wirkt in ihm nach. Hohenzollern stößt ihn mehrfach an und ermahnt ihn, aber er kann Blick und Aufmerksamkeit nicht von Natalie losreißen. Als Homburg mitbekommt, dass diese ihren linken Handschuh vermisst, spielt er ihr den zu, den er aus seinem Traum zurückbehalten hat, und erfährt, aufs Äußerste verwirrt und beglückt, dass es tatsächlich ihr Handschuh ist.

Durch seinen heldenhaften Übereifer hat der Prinz den Kurfürsten schon um zwei Siege gebracht. Darum wird ihm heute besonders gründlich eingeschärft, um keinen Preis voreilig zu attackieren. Erst wenn das Fanfarensignal ertönt, dürfe er sich von der Stelle rühren. Der Prinz bestätigt mehrfach die gehörten Befehle, aber er wiederholt sie nur mechanisch. Die dienstliche Order geht glatt an ihm vorbei.

Simultaneität von Szene I. 5

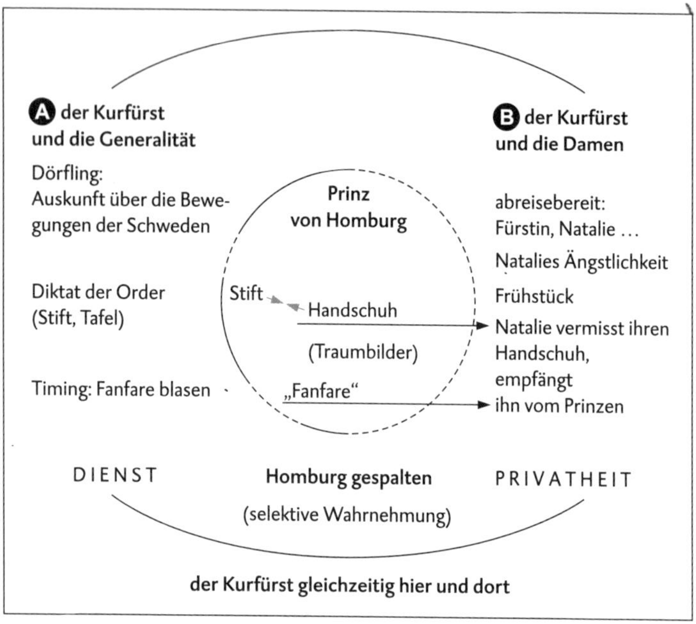

Szene I. 6 Erster Monolog des Prinzen: Noch immer vom vermeintlichen Traum und der Bekränzung erfüllt, wendet sich Homburg an Fortuna, die Göttin des Glücks. Bereits in den vergangenen Kriegstagen war sie ihm vermeintlich zum Greifen nah. Diesmal, in der bevorstehenden Schlacht, so beschwört er sie, wird er sie ganz festhalten und ihr sein Glück entreißen.

Zweiter Akt

Szene II. 1 Schauplatz ist das Gelände bei Fehrbellin. Die Kommandanten der brandenburgischen Kavallerie sammeln sich bei Sonnenaufgang am Rande des Schlachtfelds. Man steht am linken Flügel. Obrist Kottwitz muss sich aufgrund seines Alters vom Pferd helfen lassen; abermals vermisst er den Prinzen. Ein Offizier will wissen, dass der beim nächtlichen Herritt gestürzt sei. Hohenzollern dagegen beruhigt: Homburg sei unterwegs nur kurz in eine Dorfkirche eingetreten. Der alte Kottwitz, ganz lyrisch gestimmt, ist entzückt von der Schönheit des anbrechenden Tages. Er hat bereits das Gelände inspiziert, ist aber nicht auf Dörfling gestoßen, der ihn noch sprechen wollte. Homburg wird gesichtet.

Szene II. 2 (**Insubordinationsszene**) Homburg gesellt sich mit verbundener linker Hand zu den anderen, aber seine Verletzung ist marginal. Vertraulich bittet er Hohenzollern, ihm noch einmal Dörflings Angriffsplan und Order zu erklären. Er gibt zu, bei der Befehlsausgabe nicht bei der Sache gewesen zu sein. Mit der Erinnerung an die seltsamen Vorgänge der vergangenen Nacht schweifen seine Gedanken erneut ab.

Als alle auf einen Hügel steigen, überblicken sie das gesamte Schlachtfeld. Die Schlacht beginnt sich zu entwickeln. Temperamentvoll kommentiert man ihren Fortgang (Schlachtskizze: siehe Reclam, S. 105). Als es Truchß mit dem rechten brandenburgischen Flügel gelingt, den linken Flügel der Schweden abzudrängen, hält es den Prinzen nicht mehr. Er befiehlt, Fanfare blasen zu lassen und ihm zu folgen. Kottwitz lässt sich mitreißen, Hohenzollern warnt, Golz und zwei weitere Offiziere verweigern mit Verweis auf Dörflings ausdrückliche Order zunächst entschieden die Gefolgschaft. Homburg aber beruft sich auf die Order, die sein Herz ihm eingebe. Als ein Untergebener rät, Homburg vorsorglich und zur Verhütung von Schlimmerem festzunehmen, entreißt Homburg ihm herrisch Schwert samt Scheide und Gürtel und lässt ihn als Gefangenen abführen. Er übernimmt die Verantwortung für das spontane Eingreifen seiner Reiterei. Man stürzt sich in die Schlacht.

Szene II. 3 Es verbreitet sich die Meldung, dass der Sieg errungen sei. Die Kurfürstin, Prinzessin Natalie und Hofdamen, die wegen einer Wagenpanne unweit vom Kriegsgeschehen in einer Bauernstube rasten, brauchen nicht weiter evakuiert zu werden.

Szene II. 4 Die Damen erreicht die Nachricht, dass der Kurfürst gefallen sei.

Szene II. 5 Als Augenzeuge dieses Unglücks tritt Rittmeister Mörner auf. Der auffällige Schimmel des Kurfürsten sei getroffen worden und mit dem Herrn zu Boden gesunken. Homburg, der dies ebenfalls gesehen habe, habe daraufhin mit ungeheurer Wut und Wucht angegriffen, die schwedischen Schanzen überrannt, gewaltige Beute gemacht und die Feinde bis zum Rhyn zurückgetrieben. Er habe durch seinen Einsatz den Sieg herbeigeführt.

Bei der Nachricht vom Tod ihres Gemahls verliert die Kurfürstin die Besinnung. Natalie weint.

Szene II. 6 (Verlobungsszene) Der Prinz tritt hinzu. Er bietet sich an, die trostlose, jetzt vormundlose, gleichsam zum zweiten Mal verwaiste Freundin zu beschützen. Sie gestehen einander ihre Liebe. Beide gedenken des Kurfürsten: Lebte er, so würde er ihr Verlöbnis gutheißen und segnen.

Szene II. 7 Der Kurfürst lebt. Ein Wachtmeister bringt das Dementi und kündigt den entsprechenden Zeugenbericht von Graf von Sparren an.

Szene II. 8 Graf Sparren überzeugt die Damen davon, dass der Kurfürst bei voller Kraft und Gesundheit sei. Er habe ihn inmitten seines Stabes völlig munter agieren sehen. Zwar fiel tatsächlich der Schimmel, nicht aber der Kurfürst. Sparren erzählt den genauen Hergang, wie Stallmeister Froben, beunruhigt darüber, dass der Schimmel zur Zielscheibe für die Feinde werden könnte, den Kurfürst überredet habe, mit ihm das Pferd zu tauschen. Tödlich getroffen und mit dem kurfürstlichen Pferd gestürzt sei der treue Froben.

Der Feldzug ist zum Staunen der Anwesenden zu Ende. Sparren berichtet, dass bereits ein Waffenstillstand ausgerufen worden sei. Der Kurfürst sei schon auf dem Weg nach Berlin, wohin ihm seine Generalität schnell folgen solle.

Homburg wird im Wagen der Damen mit nach Berlin genommen. Er deutet der Kurfürstin an, dass er in einer bestimmten Angelegenheit einen Wunsch an sie habe. Die Kurfürstin errät, dass er um Nataliens Hand bitten möchte, und ermutigt ihn. Homburg fühlt sich auf dem Gipfel des Glücks.

Szene II. 9 Schauplatz ist der zwischen Schloss und Schlosskirche gelegene Lustgarten in Berlin. Der Kurfürst verurteilt in Gegenwart vieler bereits versammelter Generalstäbler scharf den befehlswidrigen voreiligen Angriff des linken Flügels. Wer immer dort die Reiterei geführt habe, sei des Todes schuldig und werde vor das Kriegsgericht gestellt. Er fragt nach, ob etwa der Prinz die Reiter geführt habe, und hört, dieser sei mit dem Pferd schwer gestürzt und könne es darum nicht gewesen sein. Der Kurfürst wiederholt, dass der Sieg, obgleich glänzend, sich dem puren Zufall verdanke. Der ihn herbeigeführt habe, habe widergesetzlich gehandelt und sein Leben verwirkt.

Szene II. 10 (Verhaftungsszene) Dörfling und der Kurfürst stehen betroffen, als der kampfunfähig geglaubte Homburg strahlend als Sieger auftritt und dem Kurfürsten schwedische Trophäen zu Füßen legt. Umgehend befiehlt der Kurfürst seine Festnahme. Dörfling, Truchß und Kottwitz können diesen Umschwung der Dinge kaum fassen. Erst recht begreift Homburg nicht, wie ihm geschieht. Golz und Hohenzollern bewegen ihn dazu, sich zu fügen, aber Homburg braust auf. In heftiger Rede wirft er dem Kurfürsten vor, ihm, der aus Treue und Liebe gehandelt habe, als pedantischer Prinzipienreiter entgegenzutreten. Der Kurfürst ignoriert Homburgs Worte und scheint nur Sinn für das rarste Beutestück, eine Fahne aus Gustav Adolfs Zeit, zu haben. Homburg lässt er nach Fehrbellin überstellen, wo das Kriegsgericht über ihn befinden soll.

Dritter Akt

Szene III. 1 Schauplatz ist das Gefängnis in Fehrbellin. Hohenzollern besucht Homburg. Der stand bereits vor dem Kriegsgericht und wurde zum Tode verurteilt. Dennoch begegnet er dem Freund unbeschwert und erwartet, dass Hohenzollern ihm seinen Degen zurückbringt. Er geht davon aus, dass der Kurfürst, wenn er nur formalrechtlich seine Pflicht getan und der Satzung genügt habe, ihn wieder freilassen und vielleicht sogar als Sieger ehren werde. Hohenzollern ist bestürzt, dass der Freund den Ernst der Lage so gründlich verkennt. Erst als der Prinz hören muss, dass der Kurfürst sich das Todesurteil bereits zur Unterschrift habe vorlegen lassen, schmilzt sein Optimismus. Dennoch kann er sich nicht vorstellen, dass der ihm grundsätzlich gewogene Oheim am Ende wie ein Despot gegen ihn handeln könnte. Hohenzollern schließt nicht aus, dass der Prinz den Kurfürsten in einer ganz anderen Sache schwer verärgert und dessen Pläne durchkreuzt hat: In Verhandlungen mit dem schwedischen Gesandten Graf Horn sei unter anderem die Rede von Natalie gewesen, die der Kurfürst wohl für eine Verbindung mit dem schwedischen König vorgesehen habe. Da glaubt Homburg zu begreifen und fühlt sich verloren. Hohenzollern rät, bei der Kurfürstin um Fürsprache zu bitten.

„O Freund! Hilf, rette mich! Ich bin verloren." Der verzweifelte Prinz (Robert Kuchenbuch) mit Hohenzollern (Gunnar Teuber); Inszenierung am Maxim Gorki Theater Berlin (2007)

Szene III. 2 Zu seinem Erstaunen darf der Prinz das Gefängnis verlassen, weil sein Rang als hinreichende Garantie dafür gilt, dass er nicht fliehen wird.

Szene III. 3 Zimmer der Kurfürstin. Die Kurfürstin beobachtet, wie eben der schwedische Gesandte Graf Horn das Arbeitszimmer ihres Gemahls verlässt. Sie ermuntert Natalie, nun beim Kurfürsten anzuklopfen und um Gnade für Homburg zu bitten.

Szene III. 4 Natalie ist im Begriff zu gehen, als der Prinz gemeldet wird.

Szene III. 5 (**Todesfurchtszene**) Die beiden Frauen erleben einen fassungslosen Prinzen, der um sein nacktes Leben fleht. Er appelliert an die mütterlichen Gefühle der Kurfürstin; aber diese hat sich bereits vergeblich beim Kurfürsten für ihn verwandt. Homburgs Erschütterung und Todesangst sind grenzenlos, denn auf dem Weg zum Schloss hat er die geöffnete Gruft gesehen, die ihn nach der Exekution am kommenden Morgen aufnehmen soll. Er ist bereit, allem zu entsagen, was er ist und erstrebte, auch Natalie behauptet er aufgeben zu wollen, sofern ihm nur vergönnt sei, fern von Hof und Ruhm wie ein Bauer sein Leben fristen zu dürfen. Natalie rät ihm, sich auf dem Rückweg ins Gefängnis das Grab nochmals anzusehen, und erinnert ihn an die vielen Situationen in der Schlacht, in denen er bereits dem Tod ins Auge geblickt hat.

Vierter Akt

Szene IV. 1 Zimmer des Kurfürsten. Natalie bittet um die Begnadigung ihres Freundes. Sie bedauert, dass der Kurfürst in seiner Strenge den eben noch als Held Gefeierten derart gebrochen habe. In ihrer Klage, dass das Todesurteil besser nicht ausgesprochen worden wäre, klingt Anklage mit. Denn sollte es wirklich die Absicht des Kurfürsten sein, einen Menschen erst als Sieger zu feiern und anschließend zu exekutieren, so passe eine solche „fast unmenschlich“ heroische Haltung nicht zum Bild des sonst so nachsichtigen Onkels und Herrn. Der Kurfürst argumentiert dagegen grundsätzlich: Er könne sein Reich nicht auf Zufall und Willkür gründen. Aus eigener Machtvollkommenheit begnadigen könne nur ein Willkürherrscher, ein Tyrann, der das Recht nicht achte. Er aber habe die Aufgabe, die Einhaltung der Gesetze und damit die staatliche Ordnung und das Wohl des Vaterlandes zu garantieren: Er versteht sich als Diener des Staates und des Rechts. Natalie stellt eine staatliche Ordnung dagegen, in der menschliches Gefühl höher wiegt als der Buchstaben des Gesetzes.

Als sie in großer Offenheit von dem erbarmungswürdigen Zustand berichtet, in dem der Prinz vor der Kurfürstin und ihr erschienen ist, stutzt der Kurfürst. Wenn es so sei, dass der Prinz das über ihn verhängte Urteil für ungerecht ansehe, so sei er frei. Er möge ihm das nur selber in der Rückantwort auf den Brief bestätigen, den er rasch aufsetzt und Natalie zu überbringen bittet. Natalie ist sich nicht sicher, was sie von dieser überraschenden Wendung der Dinge halten soll.

Szene IV. 2 Auf dem Weg zum Gefängnis des Prinzen hält Graf Reuß, Rittmeister von Nataliens Regiments, die Prinzessin mit einer Bittschrift auf, die Kottwitz zugunsten des Prinzen verfasst hat. Reuß bittet sie, mit ihrer Unterschrift die Reihe der darauf versammelten Namen anzuführen. Natalie lässt sich versichern, dass auch die Chefs der anderen Regimenter und sogar die gesamte Reiterei für den Prinzen eintreten würden, sofern man sie nur an ihren diversen Standorten erreichen könnte. Sie unterschreibt nicht nur, sondern fertigt nach kurzem Bedenken im Namen des Kurfürsten den Befehl an Obrist Kottwitz aus, seine Reiter von Arnstein, seinem gegenwärtigen Quartier, umgehend nach Fehrbellin zu führen. Reuß soll aber ihr Schreiben noch so lange zurückhalten, bis sie ihm ausdrücklich den Vollzug befiehlt. Graf Reuß und Hofdamen begleiten Natalie zum Gefängnis.

Szene IV. 3 Gefängnis zu Fehrbellin. **Zweiter Monolog des Prinzen:** Er beklagt die kurze Lebensspanne auf der Reise von der Geburt bis zum Tod. Bitter verwirft er den Trost auf ein angeblich herrliches Jenseits.

Szene IV. 4 Im Gefängnis zu Fehrbellin. Natalie verabschiedet ihr Gefolge (bis auf die Hofdame Bork) und bringt Homburg den Brief des Kurfürsten mit der Botschaft, dass er frei sei. Homburg hält das nach allem Vorausgegangenen für unmöglich. Er liest den Brief des Kurfürsten und dessen entscheidende Klausel. Nach einigem Nachdenken entscheidet er sich trotz Nataliens Drängen dazu, seine Schuld einzugestehen und das Todesurteil gutzuheißen. Zwischen Schmerz, Liebe und höchster Achtung für ihn küsst Natalie den Freund, um nun gleich darauf ihrerseits zu handeln. Sie schickt Graf Reuß zu Kottwitz nach Arnstein ab. Noch vor Mitternacht habe er mit seinen Reitern in Fehrbellin zu sein (vgl. *Interpretationshilfe*, S. 90 ff.).

Der Prinz (Bruno Ganz) mit dem schicksalhaften kurfürstlichen Brief; Inszenierung von Peter Stein an der Berliner Schaubühne (1972)

Fünfter Akt

Szene V. 1 In der Nacht überraschen Hohenzollern, Truchß und Golz den Kurfürsten mit der Meldung, dass Kottwitzens Regiment vor dem Schloss stehe. Der Kurfürst überzeugt sich mit einem Blick aus dem Fenster von dieser Ungeheuerlichkeit. Niemand kann sagen, wer oder was Kottwitz nach Fehrbellin hat reiten lassen. Bestürzt muss der Kurfürst zudem erfahren, dass gegenwärtig seine Generalität im Rathaus tagt. Hohenzollern, Truchß und Golz bitten entlassen zu werden, um sich ebenfalls in diese Versammlung zu begeben.

Szene V. 2 Monolog des Kurfürsten: Der Kurfürst wird sich klar darüber, dass eine Art Verschwörung seiner Militärs oder sogar ein Putsch im Gange ist. Da aber der treue Kottwitz mit seinem Regiment eingerückt ist, traut er sich zu, ihn ohne Aufhebens auch wieder nach Arnstein zurückbewegen zu können.

Immerhin lässt er sich ankleiden und beauftragt einen Bedienten nachzuhorchen, worum es im Rathaus geht.

Szene V. 3 Gegen alle Ordnung stürzt Feldmarschall Dörfling unangemeldet herein und spricht von „Rebellion". Die Generalität wolle noch in dieser Nacht eine Bittschrift zugunsten des Prinzen überreichen. Bei abschlägiger Antwort des Fürsten habe man vor – dies wisse er zuverlässig –, den Prinzen mit Gewalt aus seiner Haft zu befreien. Der Kurfürst bleibt ruhig; er wiegelt ab, versichert Dörfling, dass auch er viel Sympathie für den Prinzen empfinde, und will an einen Militärputsch nicht glauben. Dörfling wagt nun selbst ein Plädoyer zugunsten des Prinzen. Taktisch hielte er es für klug, den Militärs zuvorzukommen und den Prinzen sofort zu begnadigen, bevor sich die Lage politisch zuspitzt. Der Kurfürst aber will, bevor er handelt, den Prinzen anhören. Die Überbringer der Petition will er gern empfangen. Dörfling registriert wenig erfreut, dass seine Argumente an der stoischen Ruhe seines Herrn abprallen.

Szene V. 4 Kottwitz bittet mit seiner Delegation zum Kurfürsten vorgelassen zu werden; gleichzeitig trifft der Antwortbrief Homburgs ein. Der Kurfürst liest den Brief, lässt sich anschließend das Todesurteil bereitlegen und ebenso den Pass des schwedischen Unterhändlers Graf Gustav von Horn. So vorbereitet empfängt er Kottwitz und seine Begleiter.

Szene V. 5 Kottwitz überreicht die Petition zugunsten des Prinzen. Bevor der Kurfürst sie ansieht, will er wissen, wer ihn aus Arnstein herbeordert habe. Er kann nur schwer die Fassung wahren, als man ihm Nataliens in seinem Namen geschriebenen Stellungsbefehl zeigt. In dieser Verlegenheit lässt er Kottwitz wissen, dass alles seine Richtigkeit habe, denn er habe ihm und seinen Reitern die Aufgabe zugedacht, morgen dem Prinzen die letzte Ehre zu erweisen.

Erst nach diesem prekären Vorspiel liest der Kurfürst die Bittschrift und vergewissert sich, dass der Prinz selbst davon nichts ahnt. Er verlangt von Kottwitz, sein Eintreten für den Prinzen zu begründen, denn er ist davon unterrichtet, dass der Obrist auf dem Schlachtfeld zunächst nicht mit Homburgs Voreiligkeit einverstanden war. Kottwitz erläutert noch einmal die Situation im Felde. Der linke Flügel der Schweden schien besiegt, der rechte aber war eben im Begriff, sich zu reorganisieren. Das habe Homburg glücklich verhindert. Nachträglich sei ihm klar geworden, dass Homburg richtig gehandelt habe; er selbst würde es bei ähnlicher Konstellation – ungeachtet der darauf stehenden Strafe – nicht anders machen. Der Kurfürst verteidigt, wie bereits Natalie gegenüber, Gesetz und Gehorsam als Fundamente des Staates und wiederholt, dass es ohne Homburgs Insubordination wahrscheinlich ebenfalls gelungen wäre, den Schweden den Rückzug abzuschneiden und sie völlig aufzureiben. In flammender Rede legt Kottwitz dar, dass er sich nicht als totes Kriegswerkzeug verstehe, sondern als freier Mann, und dass wohl auch dem Kurfürsten das Wohl des Vaterlandes das Wichtigste sei.

Der Weg, auf dem es gelinge, den Feind zu schlagen, sei mehr wert als der vorgefasste Plan und die starre Regel.

Der Kurfürst gibt sich geschlagen. Er ordnet an, Prinz Friedrich von Homburg aus dem Gefängnis herbeizuführen; dieser möge ihren Streit schlichten.

Währenddessen steht ein zweites Schreiben zur Debatte. Hohenzollern hat es verfasst. Es enthält den Vorwurf, dass der Kurfürst selbst zumindest eine Mitschuld an der Tat des Prinzen trage. Der Kurfürst kann kaum glauben, dass Hohenzollern es wagt, ihn derart kühn persönlich anzugreifen, aber er hört ihn bis zu Ende an. Hohenzollern rekonstruiert die Vorgänge der Nacht vor der Schlacht und gibt dem Kurfürsten wieder, wie Homburg die kurfürstliche Inszenierung im Traum und als Traum erlebt hat. Als sich bei der Befehlsausgabe herausstellte, dass Natalie ihren Handschuh vermisste, habe er Dörflings Ausführungen schlechterdings nicht mehr folgen können. Der Kurfürst fragt nach, ob es wirklich Nataliens Handschuh war, und wird nachdenklich.

Szene V. 6 Ein Offizier meldet die Ankunft des Prinzen und bittet um Entschuldigung für die Verspätung: Homburg habe darauf bestanden, die Gruft im Kirchhof anzusehen, die ihm bestimmt sei.

Szene V. 7 Der Prinz von Homburg tritt hinzu. Der Kurfürst begrüßt ihn als seinen Beistand gegen das versammelte Militär und zeigt ihm Bittschrift und Unterschriftenliste. Homburg erklärt der zunehmend unruhiger werdenden Versammlung, dass er das Todesurteil für richtig halte und sterben wolle. Er möchte jetzt durch seinen Tod die Geltung des Kriegsgesetzes festigen und exemplarisch darlegen, wie abträglich dem Ganzen individueller Hoch- oder Übermut sei. Kottwitz, Truchß und die anderen umringen ihn tief bewegt. Homburg hat eine letzte Bitte: Der Kurfürst möge davon absehen, Natalie als Friedens-Unterpfand in den Verhandlungen mit den Schweden einzusetzen. Der Kurfürst sagt ihm das zu. Kurfürst und Prinz sind versöhnt, zweimal küsst ihn der Kurfürst. Homburg empfindet die Gewährung seiner Bitte als höchstes Glück. Er steht nun so souverän über ihnen allen, dass er es ist, der am Ende dem Kurfürsten und seinen politischen Zielen göttlichen Beistand wünscht: Er segnet ihn.

Szene V. 8 Auf Homburgs Weg zurück ins Gefängnis wollen Natalie und die Kurfürstin intervenieren und ihn sprechen, aber brüsk weist Homburg sie ab. Er hat sich in sich zurückgezogen. Die beiden Frauen bleiben verzweifelt zurück.

Szene V. 9 Saal des Kurfürsten. Nach Homburgs Abgang äußert Feldmarschall Dörfling sein Entsetzen darüber, dass es so weit habe kommen müssen. Kottwitz will sich eisig verabschieden, aber der Kurfürst hält ihn fest. Er lenkt nun ein, sieht alle bedeutungsvoll an und befiehlt, den schwedischen Gesandten vom Abbruch der Verhandlungen zu informieren: Prinz Homburgs letzter Bitte gemäß werde der Krieg in drei Tagen fortgesetzt.

Dann wendet er sich der Delegation mit der Frage zu, ob sie es wohl noch einmal mit Homburg wagen wollten. Er zerreißt das Todesurteil und bittet die Anwesenden, ihm in den Garten zu folgen.

Szene V. 10 Schloss, Rampe (Terrasse) und Garten wie in I. 1. Wie zu Beginn ist es abermals Nacht. Der Prinz wird mit verbundenen Augen in den Garten geführt. Gedämpft hört man einen Totenmarsch. **Homburgs dritter Monolog** klingt leicht und beseligt: Er ist froh, endlich ausgelitten zu haben. Als letzten Eindruck von der Welt nimmt er den Duft der Nachtviolen wahr, der aber von Nelken und Levkojen herrührt. Stranz, der diensthabende Offizier, reicht ihm eine Nelke. Der Prinz will sie „zu Hause“ in Wasser setzen.

Szene V. 11 Szenerie wie oben; aber neben dem Kurfürstenpaar, Natalie und Hohenzollern sind auch Kottwitz und viele andere Offiziere auf die Terrasse herausgetreten. Pagen leuchten mit Fackeln. Der Prinz bemerkt die Helligkeit und fragt nach der Ursache dafür. Da er nun aufstehen soll, hält er seine Todesstunde für gekommen. Stattdessen wird ihm die Binde von den Augen genommen und der Kurfürst reicht Natalie den Lorbeerkranz, um den seine Kette geschlungen ist. Sie schmückt den Erstaunten mit Kranz und Kette und nimmt seine Hand. Der Prinz von Homburg sinkt ohnmächtig nieder. Kanonendonner und Jubelgeschrei bringen ihn wieder zu sich. Ihm ist, als sei dies alles ein Traum, und Kottwitz bestätigt: „Ein Traum, was sonst?“ Die allgemeine Ergriffenheit schlägt um in martialisches Kampfgeschrei. Man drängt darauf, die Schweden nun endgültig aus ganz Brandenburg zu vertreiben.

1972 inszenierte Hans Lietzau am Schillertheater Kleists Schauspiel als Abgesang auf den deutschen Militarismus. Das Spiel vollzog sich zu Füßen eines überdimensionalen preußischen Todesengels, der einen winzigen Zinnsoldaten in Händen (in seinen Fängen?) hielt.

Textanalyse und Interpretation

1 Struktur und Gestaltungsmittel

1.1 Ort – Zeit – Handlung: ein klassisches Drama?

Prinz Friedrich von Homburg ist seiner Form nach ein klassisches Drama und **beinahe** auch eine **klassische Tragödie**, aber inhaltlich geht Kleist neue Wege. Er selbst nennt sein Stück neutral ein Schauspiel.

Die Handlung entwickelt sich in fünf Akten. Seit der Poetik des Aristoteles verlangt klassisches Theater die **Einheit von Ort, Zeit und Handlung**, und Kleist hält sich daran. Die Titelfigur, der Prinz, steht, gleich ob anwesend oder abwesend, im Mittelpunkt allen Geschehens. Die Szenen sind nicht selten in der klassischen Manier der **liaison des scènes** so miteinander verkettet, dass etwa in II. 2 der Prinz auftritt, dessen Nahen soeben, am Ende von II. 1, angekündigt worden war.

Die Anfangsszenen entfalten sich ruhig und breit. Weltenthoben – und keineswegs wie kurz vor einer Schlacht – erzählt der Prinz Hohenzollern in I. 4 seinen Traum. Mitten im kriegerischen Kontext reserviert Kleist also dem Somnambulismus des Prinzen viel Raum. Er gibt damit zu verstehen, dass sein **Thema nicht die Schlacht bei Fehrbellin** ist, sondern die Verwirrung des Prinzen. Ab I. 5 aber setzt rege Geschäftigkeit ein, und von da an nimmt die Handlung zunehmend Tempo auf, sodass der Eindruck entsteht, alles Geschehen (die Handlung also) spiele sich durchgehend und **in einem Zuge** (in der Einheit der Zeit) während einer Nacht, des folgenden Tags und der sich daran anschließenden Nacht ab. Der größte Teil der Handlung vollzieht sich **abends und nachts** im Schein von Kerzen und Fackeln:

- Den Anfang macht die Sommernacht, in der der Prinz von seinem Ruhm träumt und Dörfling den Angriffsplan diktiert (**Akt I: erste Nacht**).
- Am nächsten Morgen beginnt die große Schlacht, die gegen Mittag oder Nachmittag schon entschieden ist, denn am Abend sammelt man bereits die Trophäen in Berlin. Und es ereignet sich die Ungeheuerlichkeit, dass der Held, der Prinz, festgenommen wird (**Akt II: Tag und Abend**).
- Noch am gleichen Abend, so scheint es, besucht ihn Hohenzollern in seiner Haft (III. 1), und der Prinz eilt in Todesangst zur Kurfürstin (III. 5). Unmittelbar anschließend (im Kabinett des Kurfürsten brennt Licht: IV. 1, S. 59) bittet Natalie bei ihrem Oheim für Homburg, trägt das Schreiben des Kurfürsten zu ihm ins Gefängnis und schickt Reuß mit ihrer Order zu Kottwitz nach Arnstein (**Akt III und IV: Abend und später Abend**).
- Die dann anbrechende Nacht ist gedrängt voll von Aktivitäten: Den Kurfürsten überrascht die Nachricht, dass Kottwitz' Reiter vor dem Schloss stehen und hohe Offiziere sich im Rathaus verschwören. Der Regent empfängt die Offiziere mit ihrer Bittschrift zugunsten des Prinzen. Ausführliche Dispute finden statt. Der Kurfürst beordert Homburg herbei, der sich nun zu seiner Schuld bekennt und wieder abgeführt wird. Daraufhin zerreißt der Kurfürst das Todesurteil. Der Prinz wird wie zur Exekution in den Garten geführt, aber er wird begnadigt und geehrt. Kleist vollbringt das Kunststück, in elf Szenen dieses alles ausführlich und eindringlich vor Augen zu stellen (**Akt V: zweite Nacht**).

Realistisch betrachtet müssten vom Abend der Schlacht bis zum Spruch des Kriegsgerichts und von da bis zur letzten Szene eine ganze Reihe von Tagen liegen, aber in Kleists Dramaturgie wird dem Leser **kein Zeitsprung** bewusst.

Figurenkonstellation

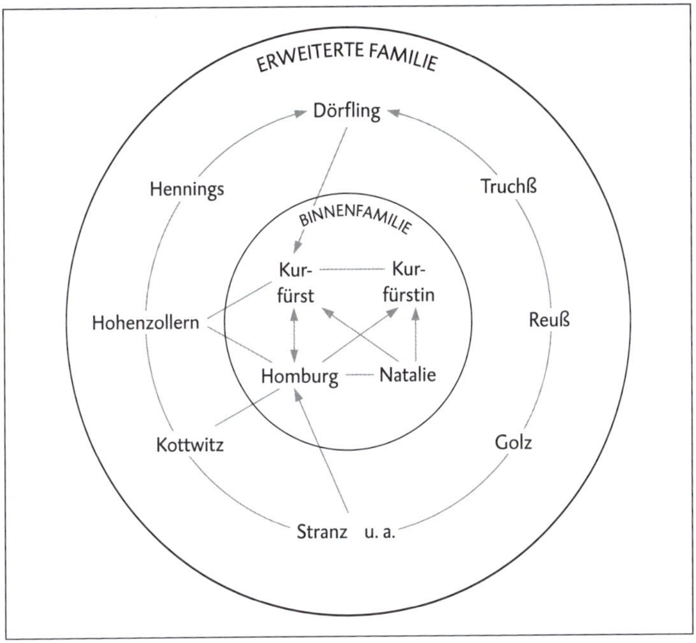

Die Zahl der **dramatis personae** (der handelnden Personen) ist überschaubar, ihr Kreis homogen. Abgesehen von Randfiguren kommen sie aus demselben sozialen Stand, repräsentieren die Elite der Gesellschaft und bilden zusammen so etwas wie eine Familie um ihr Oberhaupt, den Kurfürsten. Da außerdem Natalie von Oranien und Prinz Friedrich von Homburg mit dem Kurfürstenpaar verwandt und wie angenommene Kinder für sie sind, verdichtet sich die Familiarität in dieser Binnengruppe.

Im Aufbau von *Prinz Friedrich von Homburg* zeigt sich eine besondere **Symmetrie**, denn zwei Nächte umschließen den Tag, die erste und letzte Szene haben denselben von Fackeln beleuchteten Lustgarten zum Schauplatz, und der Prinz erlebt am Schluss genau den Vorgang, den er sich am Anfang in der Versunkenheit des Schlafwandelns erträumt hat. Kleists Entscheidung für diesen **Ringschluss** oder Rahmen ist aufschlussreich für seine Gesamtkonzeption (vgl. *Interpretationshilfe*, S. 95 f.).

Ort der Handlung sind Innen- und Außenräume. Neben dem Garten und Sälen im Schloss zu Fehrbellin gibt es einen Hügel am Rand des Schlachtfeldes, eine Bauernstube und natürlich das Gefängnis. Zwei Szenen (II. 9 und II. 10) sind, vielleicht aus repräsentativen Gründen, in die Kulisse der Hauptstadt Berlin verlegt. Mit der Eröffnung mehrerer Schauplätze weicht Kleist zwar von der strengen griechischen Einheit des (einen) Ortes ab, aber doch nicht mehr als etwa Lessing in *Nathan der Weise* oder Schiller im zweiten und dritten Teil des *Wallenstein*. Symbolisch gesehen, gibt es offizielle, vom Geist der Ordnung und Verantwortung geprägte Räume, während im nächtlichen Garten das Ich seiner eigenen, inneren Natur begegnet.

1.2 Dramaturgie und dramatische Spannung

Die Dramatik des Geschehens entwickelt sich mit aufsteigender und fallender Handlung entsprechend der klassischen Pyramidenform. Im Höhe- und Wendepunkt, der **Peripetie**, ist der Sieger ein Gefangener (II. 10). Kleist gelangt früh zu diesem Scheitelpunkt, weil er die Voraussetzungen dafür außerordentlich knapp und virtuos zu gestalten versteht. Kein Drama der deutschen Klassik hat eine so **kurze Exposition** wie der *Prinz*. Kleist braucht für sie nur 28 Verse (I. 1, S. 5/6): Hohenzollern zeigt dem Kurfürsten, dessen Gemahlin, der Nichte Natalie und Hofkavalieren eine Kuriosität, einen schlafwandelnden Reitergeneral. Aus Hohenzollerns Begründung, warum er Homburg überhaupt hat suchen müssen, gewinnt der Leser alle nötigen Informationen über die handelnden Personen, die Situation, die vorausgegangene und die bevorstehende Handlung. Und er gewinnt eine Ahnung des sich aus diesem Ansatz heraus anbahnenden Konflikts.

Der dramatische Konflikt oder Knoten schürzt sich denn auch bereits in I. 5, da der Prinz innerlich mehr dem Nebenschauplatz folgt, als bei der Hauptsache, der Entgegennahme der Order, zu sein. Traumerinnerung und militärische Pflicht liegen im Widerstreit, vor allem Nataliens Handschuh fesselt ihn mehr als Dörflings Diktat. Dieser Handschuh ist also nicht nur Requisit, sondern verweist in seiner Unmöglichkeit, zugleich geträumter und real vorhandener Gegenstand zu sein, äußerlich auf den inneren Konflikt des Prinzen. Dieser Konflikt führt schließlich zum Akt der Insubordination (II. 2).

Die Art des Konflikts unterscheidet sich deutlich vom Herkömmlichen. Im klassischen Drama stehen sich in der Regel Personen und Parteien mit handfesten Machtansprüchen, Interessen und klar umrissenen Forderungen gegenüber, während man bei Kleist zögert, im Kurfürsten den Gegner oder **Antagonisten** des Prinzen zu sehen. Formal ist er es, denn er stellt den Prinzen vors Kriegsgericht. Aber schon in II. 10, als Homburg ihn voll Zorn attackiert, nimmt der Kurfürst den Fehdehandschuh nicht auf: Er übergeht die Schmährede des Prinzen, ein dramatischer Dialog zwischen ihnen, als klassische Duellszene, findet nie statt. Liegt der Konflikt vielleicht eher im Prinzen selber, da er sich in subjektiver Spontaneität über den objektiv verbindlichen Auftrag hinweggesetzt hat? Gestaltet Kleist die innere Krise seines Gefühls und seiner Wirklichkeitserfahrung, sodass er sich selber der Gegner ist? Oder ist es das abstrakte Recht, die Grundlage der Staatsordnung, das in sich so problematisch ist, dass der Einzelne mit ihm in Konflikt geraten muss? Ab IV. 4 und dann durch den fünften Akt hindurch entsteht im Leser der beunruhigende und – am klassischen Drama gemessen – absurde Eindruck, dass seine redlichen Fürsprecher, also Natalie, Kottwitz und die hohen Militärs die eigentlichen Antagonisten des Prinzen sind. In V. 7 stellt sich Homburg zur Verblüffung seiner Freunde offiziell auf die Seite des Kurfürsten.

Die Verschiebung der Fronten (des Antagonismus)

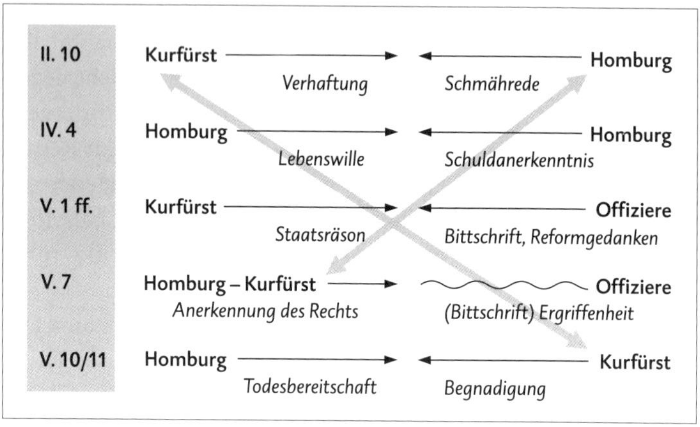

Gerade den Anstrengungen zur Rettung des Helden hat Kleist mehr Raum gegeben, als man das aus anderen Dramen kennt. **Das retardierende Moment**, die plötzlich noch einmal aufkeimende Hoffnung auf einen Ausweg aus der Katastrophe, ereignet sich in der Regel im vierten Akt und bewirkt, dass der endgültige Fall und Untergang des Helden als umso tragischer empfunden wird: Es steigert die **Fallhöhe**. Bei Kleist haben entsprechende Schritte zugunsten des Prinzen bereits vor IV. 1, bevor Natalie beim Kurfürsten vorspricht, begonnen, denn auch die Kurfürstin hat sich schon für ihn verwendet (vgl. III. 5, S. 56, Vers 1 020 f.). Sie werden immer gewaltiger, reißen das Militär mit sich, drohen eine Staatskrise auszulösen und kommen erst zur Ruhe, als in V. 9 der Kurfürst endlich das Todesurteil zerreißt. In dem Augenblick, in dem der Prinz sich bereits innerlich vom Dasein gelöst hat, wird er begnadigt. Statt des tragischen Ausgangs endet Kleist mit einem sonderbar ambivalenten Gnaden- und Festakt (vgl. *Interpretationshilfe*, S. 96 ff.) und kehrt gewissermaßen die klassische Fallhöhe um: Sein Held stürzt nicht – jetzt nicht mehr – aus der Hoffnung auf das Leben in den

Tod, sondern er wird zurück ins Leben gestürzt. Berühmt wurde Friedrich Hebbels Würdigung des Stückes als ungewöhnliche Art der Tragödie: Der *Prinz* gehört für ihn

> *zu den eigentümlichsten Schöpfungen des deutschen Geistes, und zwar deshalb, weil in ihm durch den bloßen Schauer des Todes, durch seinen hereindunkelnden Schatten, erreicht worden ist, was in allen übrigen Tragödien (das Werk ist eine solche) nur durch den Tod selbst erreicht wird: die sittliche Läuterung und Verklärung des Helden.* (Werke 2, S. 1 189)

Die scharfe Kehrtwende dieses Ereignisses charakterisiert gut Kleists Radikalität. Im anscheinend rein formalen Moment des hier besonders krassen dramatischen Umschwungs drückt sich seine Haltung zur Welt, zum menschlichen Verstand und zum Gefühl des Menschen aus. Jeder Umschwung bringt einen **Widerspruch** zutage, er erzeugt eine innere Spannung und Reibung zwischen den entgegengesetzten Polen und verwirrt die Protagonisten bis zur äußersten Fassungslosigkeit. Erlebte sich der Prinz zu Beginn als einen Ausgezeichneten, so musste er gleich darauf entschwinden sehen, was so greifbar nah schien. Die Nacht war für ihn nur ein Traum. Aber im Wachen wiederholt sich dieselbe katastrophale Umkehr des sicher Geglaubten ins Gegenteil. Im Hochgefühl des Sieges und Glückes kann der Prinz begründet ausrufen: „O Cäsar Divus! / Die Leiter setz ich an, an deinen Stern!“ (S. 41, Vers 713) – und findet sich gleich darauf im Kerker wieder. Homburg schließt nicht aus, nun verrückt zu sein, als man ihn entwaffnet (S. 44 f., Vers 765 und Vers 772). Er baut auf sein untrügliches Gefühl hinsichtlich des Kurfürsten, ist sich trotz Haft und Kriegsgericht der bevorstehenden Begnadigung sicher und muss am Ende des Gesprächs mit Hohenzollern sein Gefühl als Selbsttäuschung und sich selbst als einen Verlorenen erkennen (III. 1).

Der dramatische Weg des Prinzen

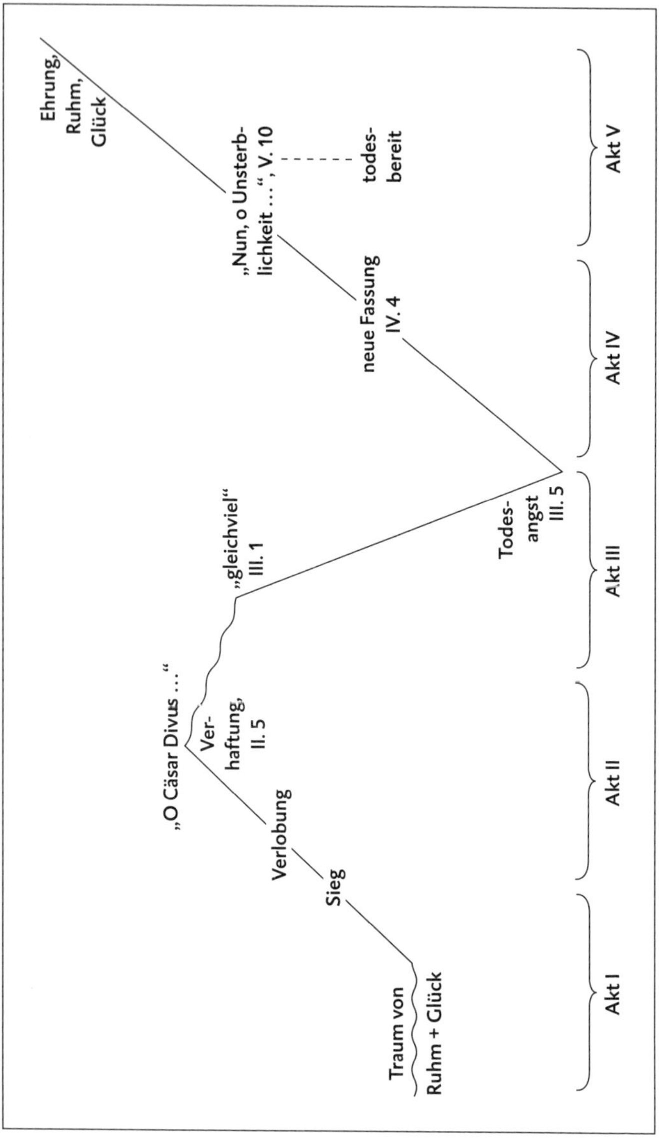

Der paradoxe Umschlag von erahnter Erfüllung in reale Vernichtung, von Glücksbewusstsein in Erniedrigung, Vertrauen in Desillusionierung, Leben in Tod und Tod in Leben erlaubt nur den einen Schluss, dass die Welt ganz und gar unbegreiflich ist. Kleists Protagonisten werden an ihrem Gefühl irre und können weder ihrem Verstand richtig trauen noch dem, was die eigenen Augen sehen. Ausdruck der **Unzuverlässigkeit des Erkennens** sind die **Fehlmeldungen**, die das Drama durchziehen. Die Kurfürstin muss die Nachricht vom Tod ihres Gemahls hinnehmen; die Verlässlichkeit des Zeugen steht außer Zweifel, aber gleich darauf trifft ein nicht minder glaubwürdiger Bote mit der entgegengesetzten Meldung ein (II. 5, II. 7). Dem Kurfürsten wird versichert, dass nicht Homburg die Reiterei geführt habe, als eben dieser gesund und schwungvoll als Sieger vor ihn tritt (II. 9, II. 10). Auch über den Sturz des Prinzen vom Pferd sind verschiedene Versionen im Umlauf (vgl. *Interpretationshilfe*, S. 80 f.).

Die Stimmung, Tonlage und Dynamik des Dramas insgesamt entwickelt Kleist aus **Extremen**. Szenen inselhafter Stille wechseln mit Szenen, die vom Furor des Kampfes dröhnen, auf vertrauliche Gespräche zu zweit folgen lebhafte Gruppenauftritte, das Rätsel des eigenen Inneren des Prinzen und die Forderung von Staat und Gesellschaft treffen hart aufeinander. Kleists Licht- oder **Farbmetaphorik** spricht dieselbe Sprache: Vom überirdischen Glanz und Licht der Anfangsvision an muss der Prinz eine Bahn bis zur Schwärze der Gruft durchmessen. Das Merkwürdige dabei ist, dass Kleists Protagonisten dennoch häufig lächeln, gern spotten und einen leichten Gesprächston anschlagen und dass diese Beinah-Tragödie durchsetzt ist von komödiantischen Situationen und Dialogen. Am greifbarsten wird das in Szene I. 5. Die ernsthafte Befehlsausgabe ist schon wegen der zweigeteilten Aufmerksamkeit des Prinzen und des gesamten Durcheinanders der Szene **komisch** durchsetzt. Absurd-komisch wird sie, als das Stichwort vom „Fanfare Blasen“ mindestens sieben Mal von Dörfling zu Homburg, wieder zurück zu Dörfling und über Golz und Hohenzollern abermals zu Homburg wandert, der Eindringlichkeit dieser Wiederholungen zum Trotz aber den Adressaten verfehlt, denn Homburg interpretiert den Appell als sein eigenes Triumphsignal.

Zum Drama gehört der **Monolog** als notwendiger Kunstgriff, um dem Zuschauer die Gedanken einer Figur unmittelbar zu erkennen zu geben. Im Monolog setzt die Handlung einen Augenblick lang aus, die Zeit steht still, der Held zieht sich in sich selbst zurück, besinnt sich und reflektiert oder ringt sich – im Entscheidungsmonolog – zu einem Entschluss durch. Kleist schätzte Monologe nicht sehr, darum setzte er sie sparsam ein und hielt sie denkbar kurz; dennoch werden gerade sie immer neu bewundert. Im *Prinz* finden sich vier dieser Kurzmonologe:

- die zu Sieg und Glück entschlossene Wendung des Prinzen an Fortuna (I. 6, S. 24: 11 Verse),
- die sarkastische Absage an Jenseitsversprechungen im Bewusstsein des verwirkten Lebens (IV. 3, S. 67: 11 Verse),
- und die Artikulation der Todesheiterkeit des Prinzen (V. 1, S. 91: 10 Verse).
- Im vierten dieser Monologe reflektiert der Kurfürst seine Situation (V. 2, S. 74: 13 Verse).

  Beim Monolog des Kurfürsten handelt es sich um einen klassischen Entscheidungsmonolog, während die Monologe des Prinzen zum letzten hin immer lyrischer werden. Wer die innere Wandlung des Prinzen konzentriert erfassen will, lese hintereinander seine drei Monologe.

Zwischen der Abgeschlossenheit des Monologs und der offenen Auseinandersetzung im dramatischen Dialog gibt es eine Zwischenform, die durch die **Figur des Vertrauten** möglich wird. Im *Prinz* fällt diese Rolle dem Grafen Hohenzollern zu, sodass die beiden großen Gespräche mit ihm (I. 4, III. 1) besonders aufschlussreich sind. (Ob sich allerdings Homburg wirklich nicht erinnern kann, wer ihm den Kranz im Traum reichte – vgl. I. 4 – ist sein Geheimnis.) In gewissem Sinn darf man auch die Kurfürstin als Vertraute ansehen, die Natalie zur Seite steht.

Eine andere dramentechnische Herausforderung ist es, Geschehnisse der Vorstellungskraft des Zuschauers oder Lesers zugänglich zu machen, die auf der Bühne nicht stattfinden können oder sollen. Im Stück ereignet sich eine Schlacht, aber man sieht auf der Bühne kein Pferd und keine einzige kriegerische Handlung und vermisst doch nichts. Die klassischen Techniken zur Integration dessen, was im Off, was also **verdeckte Handlung** bleibt, sind Mauerschau (**Teichoskopie**) **und Botenbericht**. Die Schlacht in ihrer Dynamik wird von der Gruppe auf dem Hügel als Teichoskopie kommentiert (II. 2), die Fehlmeldung vom Tod des Kurfürsten und dann die eindrucksvolle Schilderung von Frobens Tod bringen Boten (II. 4/5 und II. 8). Wie heldenhaft Homburg sich im Kampf bewährt hat, berichtet Mörner (II. 5, S. 34 Vers 550 ff.). Durch Boten erfährt der Kurfürst, was sich im Rathaus abspielt (V. 1, V. 3), und auch von den beiden Szenen, in denen Prinz Friedrich sich seine Gruft ansieht, erfahren wir nur indirekt aus Botenmund.

Das brandenburgisch-preußische Lager rüstet sich zur Schlacht; Szenenfoto aus der Uraufführung der Vertonung von Hans Werner Henze in Hamburg (1960)

Zwei Szenen lässt Kleist ungeschrieben: Die eine betrifft Homburgs Gedanken bei der zweiten Betrachtung seiner Gruft, die andere überspringt, was sich zwischen V. 7 und V. 10 in ihm zugetragen hat. Kleist ist der deutsche Dichter, der wie kein anderer die Zonen des Unaussprechlichen kennt und achtet.

1.3 Die Sprache der Kleistschen Dialoge

Kleist hat *Prinz Friedrich von Homburg* in klassischen (von Lessing in die deutsche Literatur eingeführten) **Blankversen** geschrieben. Der Blankvers ist ein fünffüßiger Jambus ohne Reim. Das bedeutet: Fünf Takte mit je einer unbetonten und einer betonten Silbe gehören zusammen. Kleist handhabt dieses Versmaß aber nicht sklavisch: Ungern zerreißt er Wörter. Man könnte exakt Silben stechen:

/Im Traum / er-ringt / man sol-/che Din-/ge nicht!/ . . .
/Dann wird / er die / Fan-fa/re bla-/sen las-/sen/

Natürlicher spricht sich:

/Im Traum / er-ringt / man sol-che / Din-ge / nicht./
/Dann wird / er die / Fan-fa-re / bla-sen / las-sen./

Im ersten Vers liegt der Hauptakzent auf Traum, im zweiten auf der zweiten Silbe von Fanfare.

(Der Blankvers erfordert, **Natalie** mit der Betonung auf dem zweiten a und hörbarem Schluss-e zu sprechen. Die Prinzessin ist keine heutige Nattali!)

Der Blankvers kann ruhig und fließend ganze zusammenhängende Textpassagen tragen. Trotz der rhythmischen Fessel treibt Kleist seine Sprache aber auch bis zu höchster **Expressivität**. In Phasen gesteigerter Aufregung und Dramatik ist – man sieht es am zerrissenen Schriftbild – ein Blankvers auf zwei oder mehr Dialogpartner verteilt. So etwa, als Homburg seinen Willen zum Angriff durchsetzt (II. 2, S. 30 f.), als er im Gespräch mit Hohenzollern am Kurfürsten irre wird (III. 1, S. 50), als man den Kurfürsten nachts aufschreckt (V. 1, S. 73) und an vielen anderen Stellen. In ineinander greifenden, nicht zu Ende gebrachten Sätzen (in **elliptischem Sprechen** also) und im Zeichen des **Gedankenstrichs** teilt sich die Erregung während der Verhaftung des sich widersetzenden Offiziers mit:

ERSTER OFFIZIER *(taumelnd).*
Mein Prinz, die Tat, bei Gott – !
DER PRINZ VON HOMBURG *(auf ihn einschreitend).*
Den Mund noch öffnest – ?
HOHENZOLLERN *(zu dem Offizier).*
Schweig! Bist du rasend? […] (II. 3, S. 31, Vers 489 f.)

Der Prinz hat einen Empfindungsreichtum, der von kühner Hochgestimmtheit bis zu innigen, zärtlichen und leisen Tönen und von wildem Zorn bis zu sarkastischer oder ratloser Einsilbigkeit (**Lakonie**) schwingt. Wenn ihm die Sprache ausgeht, weil er die Welt nicht mehr versteht, lösen sich aus seinem Inneren vieldeutig Gefühlslaute (**Interjektionen**). Das wunderbare „So – so, so, so!", mit dem Kleist ihn die Tatsache seiner Verhaftung quittieren lässt (II. 10, S. 45, Vers 775), ist reine Seelensprache und Sprachlosigkeit zugleich. Vielleicht bedeutet es, dass hier einem Perplexen erst allmählich aufgeht, was ihm gerade widerfährt, dass er Zeit braucht, um Gehörtes zu verkraften und sich innerlich neu zu sortieren, um dann, tief Luft holend, gegen den vermeintlichen Feind loszuschlagen (Vers 777 ff.).

Das Gegenteil der Lakonie ist die **Emphase**. Auch der unaufgeregt und fest wirkende Kurfürst kann die Fassung verlieren, etwa wenn er erschrocken, als habe er sich verbrannt, dem Prinzen sein „Ins Nichts!" gleich dreimal entgegenschleudert: „Ins Nichts mit dir zurück, Herr Prinz von Homburg,/ Ins Nichts, ins Nichts!" (I. 1, Vers 74 f.)

Der unmittelbarste Ausdruck des Innern, der bei Kleist das Sprechen nicht nur begleitet, sondern auch an dessen Stelle tritt, ist die **Körpersprache**, sind Mimik und Gestik. Im klassischen Drama sind **Regieanmerkungen** deswegen so spärlich, weil die

Klassiker der Sprache als Medium vertrauen: Alles, was mitzuteilen ist, trägt das reine Wort. Kleists Erfahrung ist es, dass das Wort die Wahrheit nicht fasst und ebenso versagt und irrt wie der menschliche Verstand; darum legt er viel ins stumme Spiel der Geste. Interjektionen sind nichts als ihre sprachlich hilflose Verlängerung. Kleists Regieanmerkungen sagen oft mehr als Worte, etwa während der prekären Verlobung Homburgs mit Natalie im Schatten des Todes (II. 6). Als Homburg erfährt, dass sein Traumrelikt, der Handschuh, Natalie gehört, kann er nichts anderes sagen als ein „O Heinrich!" zu Hohenzollern hin. Was in ihm vorgeht, teilt sich körpersprachlich (und in seiner plötzlichen Begeisterung fürs Fanfareblasen) mit: Er

> *steht, einen Augenblick, wie vom Blitz getroffen da; dann wendet er sich mit triumphierenden Schritten wieder in den Kreis der Offiziere zurück.* (I. 5, S. 22)

Bezeichnend für das geistige Klima des Dramas sind freundschaftliche und sogar zärtliche **Anreden** untereinander. Liebevoll nennt der Kurfürst seine Nichte „Mein Töchterchen", „mein liebes Kind" (I. 5, IV. 1), und viel Zuneigung bestimmt auch den Umgang der Herrn Offiziere miteinander. „Lieber" heißt es häufig. „O Lieber!" setzt Homburg gleich zweimal an, und findet doch keine Worte für das, was ihn bewegt (I. 4, S. 13). Dieselbe Sprache sprechen Kleists Briefe. Der Geist Rousseaus und der Epoche der Empfindsamkeit und des Freundschaftskultes lebt in diesem Umgang miteinander weiter. Auf der anderen Seite wird im *Homburg* herzhaft geflucht. Auch **der Fluch** ist Interjektion und Seelensprache. Er entfährt den Handelnden unwillkürlich, denn sie nehmen Anteil am Geschehen und sind bei Kleist hinter ihrer Führungsfunktion und Rolle natürlich empfindende Menschen ohne Verstellung. „Höll und Teufel!", „Himmel und Erde!" muss Hohenzollern zu sich selber sagen, als seine Demonstration (I. 1) entgleist. „Sei still, zum Henker!", zischt er Homburg an (I. 5, S. 22, Vers 328). Sogar der vorbildliche Dörfling kann, weil er beim Kurfürsten kein Gehör findet, ein „Verwünscht!" nicht unterdrücken (V. 3, S. 76).

Das Eigenartigste an Kleists Sprache ist sein **Satzbau:** Es sind seine sogenannten Schachtelsätze und sein spezifischer Umgang mit den Satzteilen. Durch **Umstellung** und mehr **Kommata** als grammatisch nötig erhalten an sich eher untergeordnete Satzteile eigenes Gewicht.

O meine Mutter, also sprächst du nicht,
Wenn dich der Tod umschauerte, wie mich!
Du scheinst mit Himmelskräften, rettenden,
Du mir, das Fräulein, deine Fraun, begabt,
Mir alles rings umher, dem Trossknecht könnt ich,
Dem schlechtesten, der deiner Pferde pflegt,
Gehängt am Halse flehen: rette mich! (III. 5, S. 55, Vers 971 ff.)

Das grammatisch falsche Komma am Ende des zweiten Verses verursacht, dass das eigene Elend betont ist und der Satz den Kontrast zwischen der Lage der Kurfürstin und der eigenen Lage als Spannung zwischen erstem und letzten Satzteil („O meine Mutter --- wie mich") nachbildet. Die folgenden Verse scheinen hervorgestammelt zu sein und sich Wort für Wort und Gedanke für Gedanke erst im Laufe des Sprechens einzufinden. Bezeichnend sind **nachgestellte** (dadurch isolierte und besonders betonte) **Attribute:** „mit Himmelskräften, rettenden", „dem Trossknecht ..., [d]em schlechtesten". Charakteristisch ist die Fülle der Satzteile, die sich zwischen Subjekt und Prädikat schieben, oder sogar, wie hier, die **Teile des Prädikats weit auseinander** bringen. „Du scheinst ... mir ... begabt", heißt der Hauptsatz in Vers 3 und 4. Der nächste Hauptsatz lautet: „dem Trossknecht könnt ich ... flehen: ...".

Die nachgeschobene Kette paralleler Subjekte („Du ..., das Fräulein, deine Fraun, ... alles rings") treibt den Gedanken bis ins Superlativische, **Hyperbolische**. Im zweiten Satz machen die eingeschobenen Satzteile das Geäußerte zunehmend anschaulicher, und der Satz selbst nimmt das Bedrängte, Gepresste und emotional Aufgewühlte des Sprechers an. Sogar den **Anakoluth**, die grammatisch unrichtige Fortführung des Satzes nach den Einschüben, scheut Kleist um solcher Wirkung willen nicht: Die Fortführung des „Du scheinst mit …" mit „Mir alles rings …" ist ein grammatischer Bruch, durch den aber die antithetische Beziehung zwischen „Du" und „Mir" an prominente Stelle rückt. Das Schauspiel beginnt sogar mit solch einem „gewagten Anakoluth" (vgl. Recl. Doc., S. 164 ff.).

Im *Homburg* wird viel argumentiert, aber nicht weniger eindrucksvoll ist die sinnliche **Bildhaftigkeit** seiner Sprache. Der preußische Offizier Homburg ist ein Dichter, wenn er gleich anfangs Hohenzollern erzählt, dass er sich im Schoß der Nacht niederlegte, weil sie „so lieblich [ihn] umfing, / Mit blondem Haar, von Wohlgeruch ganz triefend / Ach! wie den Bräutgam eine Perserbraut" (I. 4, S. 11, Vers 120 ff.).

Tragisch ist, dass Kleists Menschen ständig miteinander kommunizieren und sich dennoch **missverstehen**. Sie sind einander nah und bleiben doch einsam. Allerdings reißt, auch wenn sie abgewandt zueinander stehen, das unsichtbare Band zwischen Kurfürst und Prinz bzw. Prinz und Natalie nie endgültig. Der Prinz ist wegen seiner großen Sensibilität separiert; den Kurfürsten kann weder Natalie (IV. 1) noch das Offizierscorps verstehen, und auch Homburg trifft daneben, als er den Grund für dessen Schroffheit endlich gefunden zu haben glaubt (III. 1, S. 51). Momente gestörter Kommunikation, bei denen die Figuren einander missverstehen, verfehlen und verwechseln, sind aber auch starke Quellen, aus denen die Komödie schöpft. Es reizt unsere Lachmuskeln, wenn Menschen trotz allen Bemühens, sich verständlich zu machen, aneinander vorbeireden. Aus Kleists Sprachskepsis speisen sich seine Komödien also ebenso wie seine Tragödien: Das Komische und das Tragische entspringen bei diesem Dichter derselben Erfahrung.

2 Die Figuren

Die handelnden Personen in *Prinz Friedrich von Homburg* sind vor allem ranghohe preußische Offiziere, aber keiner unter ihnen entspricht dem Bild vom zackigen, schneidigen preußischen Militär und Untertan, wie es Literatur, Satire und Karikatur besonders vor und nach dem Ersten Weltkrieg gezeichnet haben. Zweimal erhebt sich Geschrei (II. 2, V. 11), aber im Übrigen betragen sich die Soldaten zivil, sprechen mit unverstellter Stimme und zeichnen sich im Umgang miteinander „durch einen Freimut sondergleichen“ aus: „Sie alle, und ihre Handlungen und Worte bezeugen es immerzu, atmen eine Luft der Freiheit, die [...] noch nie in einem Staatswesen geatmet worden ist“ (Recl. Doc., S. 154). Diese Beobachtung Ingeborg Bachmanns will sagen, dass **Kleists Utopie vom menschlichen Staat** nicht erst im Schlussbild des Stückes aufscheint, sondern das gesamte Stück atmosphärisch bestimmt. Besonders Dörfling, Kottwitz und Heinrich von Hohenzollern ragen mit eigenem Profil hervor. Die militärische Spitze, dem Kurfürsten direkt unterstellt, hat Feldmarschall Dörfling inne; Obrist Kottwitz gehört zu Homburgs Einheit und befehligt das Regiment der Prinzessin von Oranien; Hohenzollern steht dem inneren Kreis der dramatis personae besonders nahe, denn er ist Homburgs Freund und gehört zum Gefolge des Kurfürsten.

2.1 Feldmarschall Dörfling: Loyalität und Zivilcourage

Dörfling ist das Muster eines verantwortungsbewussten, gewissenhaften Vorgesetzten. Sehr genau kennt er seine Pappenheimer. Bei der Befehlsausgabe fällt ihm Homburgs außergewöhnliche Zerstreutheit auf (I. 5). Offensichtlich macht er sich deswegen Sorgen, denn er hat das Anliegen, vor Beginn der Schlacht noch ein Wort „von Belang“ mit Kottwitz zu wechseln (II.1, S. 26, Vers 399). Was er zu sagen hat, lässt sich erraten. Er will Kottwitz bitten, den Prinzen besonders im Auge zu behalten. Aber – bezeichnend für Kleists Regie – Kottwitz und Dörfling verfehlen einander.

Dörfling hat hinreichend Grund, sich über Homburg zu ärgern, aber dessen Gefangennahme entsetzt ihn (II. 10, S. 43). Eine gewisse Ironie liegt darin, dass er – Hans Kottwitz kann kein Latein – den lateinischen Wahlspruch auf der kostbarsten schwedischen Beutefahne des Prinzen vorlesen muss: *Per aspera ad astra.* Die Bedeutung: Durch Raues zu den Sternen, durch Kampf und Anstrengung zum Ruhm. Indirekt liest er damit vor, was von Anfang an (vgl. I. 1, S. 8 unten) dem jetzt entwaffneten Sieger als Weg vorgezeichnet ist.

Kleist gibt Dörfling eine eigene Szene, die als Charakterskizze der Betrachtung wert ist. In der turbulenten Nacht hat er nach des Prinzen Verhaftung ein Vier-Augen-Gespräch mit dem Kurfürsten (V. 3). Die Noblesse, aber auch die **Ambivalenz** des Feldmarschalls kommen darin zum Ausdruck.

Dörfling ist **loyal**. Er erscheint **dienstlich**, um seinem höchsten Herren zu melden, dass sich etwas zusammenbraut. Die Verfasser der Bittschrift nennt er „die Rasenden" (Vers 1 443); eine mögliche gewaltsame Befreiung Homburgs verurteilt er als „dreisten Anschlag" (Vers 1 453). Er rät dem Kurfürsten, den Prinzen aus **Staatsräson** schnell zu begnadigen, um den anderen zuvor zu kommen und seinen guten Ruf in der Presse (!) nicht zu beschädigen. Aber Dörfling ist kein kalter Ratgeber. Über die Pflicht hinaus, die ihm sein Treueid auferlegt, kommt er als **Mensch:** engagiert und aufgeregt. Er, der distanzierter wirkt als die anderen, sprengt die Etikette und kommt zum Ärger des Kurfürsten unangemeldet, und aus seinem „Verwünscht!" beim Abgang spricht fast Verzweiflung. Vor allem hat Dörfling zwei Seelen in der Brust. Er dient dem Kurfürsten, aber im Herzen steht er auf der Seite des Prinzen, er achtet **Recht und Gesetz** und hört dennoch auch auf sein **Gefühl**. In dringlicher werdender Rede bekennt er, wenn auch nur im kleinen Nebensatz, was er **persönlich** denkt:

> *Schick [...] das Schwert dem Prinzen,*
> *Schick's ihm, wie er's zuletzt verdient, zurück [...].*
> (Vers 1 465 f.; Hervorhebung v. Verf.)

Die Verbundenheit von Gesetzestreue, individuellem Urteil und Engagement, um die es Kleist zu tun ist, scheint in Dörfling bereits verkörpert zu sein.

2.2 Kottwitz: alter, wunderlicher Herr

Kottwitz ist die am reichsten ausgestaltete Nebenfigur des Stücks. Gedanklich ist er vielleicht der entscheidende **Mentor des Prinzen**. Homburg vertraut ihm. Da Obrist Kottwitz die Reiter führt, kann er, der anfangs die Stunde des Aufbruchs verträumt hat, beruhigt sein (I. 4, S. 12, Vers 132 f.). Als man ihn später aus dem Kerker heraus vor die versammelte Generalität stellt (V. 7), gibt er ihm die Hand und wendet sich gleich herzlich an ihn statt an den Kurfürsten oder an Hohenzollern, und vor Rührung geht ihm das Herz über: „Mein Sohn! Mein liebster Freund! Wie nenn ich dich?", stammelt er (V. 7, S. 87, Vers 1 763).

Carl Raddatz als Obrist Kottwitz; Schiller-Theater Berlin (1972)

Mit der Figur dieses Obristen zeichnet Kleist den **neuen Typus des Soldaten**, mit dem man den Befreiungskrieg gegen Napoleon wohl wagen könnte. Hans Kottwitz von der Priegnitz ist nicht sehr gebildet, und seine Handschrift ist ungelenk (IV. 2, S. 64, Vers 1 218 f.), aber er hat das Herz auf dem rechten

Fleck. Er hat Courage im Feld, ist impulsiv, stolz und ein verwegener Kämpe; und auf höfischem Parkett ist nichts Devotes an ihm. „Das, beim lebendgen Gott, ist mir zu stark!“, murmelt er bei der Verhaftung Homburgs (II. 10, S. 44, Vers 763), und konsequent folgt er fortan dieser Überzeugung. Er empfindet den Akt des Kurfürsten als unverhältnismäßig scharf, setzt folglich die Bittschrift auf und tritt mutig vor ihn hin (V. 5). Sein Leben lang hat er dem Hause Brandenburg treu gedient, als aber der Kurfürst trotz aller Interventionen noch immer auf der Hinrichtung des Prinzen zu bestehen scheint, bricht er innerlich mit ihm: Steif, förmlich und „*kalt*“ (V. 9, S. 89) will er gehen.

Der erste Auftritt des Obristen besitzt eine gewisse Komik. Kleist führt ihn als einen Krieger mit alten Knochen ein. Im Sattel fühlt er sich jung, aber er kommt nicht mehr ohne fremde Hilfe vom Gaul herunter. Selbstironisch kommentiert er die Diskrepanz zwischen jungem Herzen und mürben Gelenken (II. 1, S. 25, Vers 367 ff.). Sein Bewusstsein von der eigenen Gebrechlichkeit korrespondiert mit Kleists Bewusstsein von der **Gebrechlichkeit** der Welt überhaupt. Kleist entwirft Menschen nicht mehr als heldische Idealbilder, sondern als zwiespältige, unvollkommene Wesen und lässt Kottwitz gleich die nächste Probe von solch fragwürdiger Beschaffenheit ablegen: In der genialen Miniszene, in der der Prinz spontan losbrechen will (II. 2, S. 30, Vers 468 ff.), dämpft Kottwitz zunächst **väterlich-weise:** „Ruhig, ruhig, Kinder! [...] Ich sage, ruhig.“ Als Homburg ihn aber – und an den anderen vorbei nur ihn – mit der „Ord'r [...] vom Herzen [...] empfangen“ provoziert, ist er zunächst begriffsstutzig, denn von einer solchen Order hat er noch nie gehört. Aber dann braust er beleidigt auf. Die jüngeren Offiziere verhalten sich vorschriftsmäßig. Den Alten aber sticht der Hafer, und er will es jetzt dem Prinzen zeigen: Geradezu **kindisch**, aus gekränktem Stolz heraus, unterstützt also der wunderliche alte Herr (siehe V. 5, S. 81, Vers 1 609) die Insubordination Homburgs.

Dass dieser Kottwitz einerseits auch empfindsam und andererseits plötzlich überaus beredt in Erscheinung treten kann, hat damit zu tun, dass Kleist viel Eigenes in ihn hineingibt. Der Alte preist in lyrischen Bildern den jungen Tag vor Fehrbellin, „[g]emacht zu süßerm Ding, als sich zu schlagen" (II. 2, S. 26, Vers 384 ff.). Wie in einem Morgengebet fühlt Kottwitz seine Seele mit den Lerchen zum sommerlichen Morgenhimmel aufsteigen. Und in seinem großen Disput mit dem Kurfürsten (V. 5, besonders S. 80, Vers 1 547 ff.) plädiert er nicht wie ein schlichtes Gemüt, sondern „mit arglistger Rednerkunst" (Vers 1 611) und den Argumenten des Dichters: Der Soldat dürfe nicht totes Werkzeug eines fremden Willens sein, sondern diene dem Vaterland dann am besten, wenn er, innerlich engagiert, einen gewissen Spielraum für situative, spontane Entscheidungen habe. Er trägt damit Gedanken aus dem **Konzept der Gneisenau'schen Heeresreform** vor, das Kleist sich inständig verwirklicht wünschte.

2.3 Graf Hohenzollern: der Vertraute

Kottwitz und Dörfling, aber auch Hennings, Golz und am Ende der sanfte Stranz nehmen den Leser für sich ein. Hohenzollern steht dagegen ein wenig im **Zwielicht**. Warum hat er in jener Nacht vor Fehrbellin (I. 1) den schlafwandelnden Freund dem Spott des Landesherrn ausgeliefert? Er hat damit eine Kettenreaktion in Gang gesetzt und muss nun sehen, wie er sie wieder anhält.

„Die Sache war ein Scherz; jedoch von welcher / Bedeutung ihm, das lernt ich bald erkennen" (V. 5, S. 83, Vers 1 653 f.), erklärt er dem Fürsten. Als „die Sache" brenzlig wird, bemüht er sich erschrocken, den Schaden zu begrenzen. Dennoch, und obwohl er dann Homburgs Erklärungsnot angesichts des Handschuhs miterlebt, hält er sich strikt an das Redeverbot seines Herrn (I. 3) und hilft dem Freund auch nicht andeutungsweise aus dem Dilemma (I. 4). Für ihn spricht, dass er nach dem Zwischenfall im Garten sein schlechtes Gewissen nicht mehr loswird. Fast gouvernantenhaft passt er während der Befehlsausgabe (I. 5) auf Homburg auf, bleibt vor der Schlacht an seiner Seite, orientiert den Verwirrten und versucht ihn vor Voreiligkeiten zu bewahren (II. 2, S. 27 ff.).

Wie ein eigenes Psychodrama im Drama verläuft das schwierige **Gespräch der Freunde im Gefängnis (III. 1)**. Es beginnt mit einem Missverständnis und endet mit einem Fehlschluss. Hohenzollern versteht die Heiterkeit des Prinzen nicht, die dieser in der Erwartung, dass der Freund ihm seinen Degen und damit seine Freiheit zurückbringt, empfindet. Hohenzollern erstaunt die Ahnungslosigkeit des Prinzen, der sich seiner Begnadigung sicher ist. Seine Bestürzung und innere Pein nehmen zu, da die geduldigsten Bemühungen, den Freund seine wahre Lage erkennen zu lassen, nicht fruchten. „O Arthur!“, seufzt er und weiß vorerst nicht weiter (III. 1, S. 47, Vers 828). Aber dann setzt er neu an und mahnt, dass der Prinz sich doch bitte besinnen möge. Homburg jedoch will sich sein Gefühl und inneres Gleichgewicht nicht irritieren lassen und möchte das Gespräch abbrechen (V. 5, S. 49, Vers 878).

Hohenzollern (Carsten Kochan, re.) an Homburgs (Moritz Führmann) Seite; Hans-Otto-Theater Potsdam (2007)

Man hat, was sich in diesem Dialog vollzieht, einen „**Zerstörungsprozess**" genannt: Hohenzollern zerstört das schlafwandlerisch sichere, und – wie sich herausstellen wird – zutreffende Bild, das der Prinz vom Kurfürsten in sich trägt. Fraglich ist, wie heilsam oder nötig diese Zerstörung ist. Einerseits kommt Hohenzollern das Verdienst zu, den Prinzen auf den Boden der Tatsachen zu holen, indem er den letzten Rest seiner Traumsicherheit zerschlägt. Andererseits kommt Homburg gar nicht auf dem Boden der Tatsachen an, sondern in einem Irrtum, denn Hohenzollerns Durchbruch verdankt sich einer falschen Vermutung, die dem Kurfürsten nicht gerecht wird (ebd. S. 51, Vers 911 ff.): Nicht politische Pläne mit Nataliens Zukunft sind ja der Grund für dessen Härte, sondern sein Rechtsbewusstsein.

Die Konzeption des Stückes verlangt, dass der Prinz durch den Punkt tiefster Verlorenheit hindurchgeht. Hohenzollern stößt ihn da hinein, das ist seine dramaturgische Funktion. Sein Verhalten in III. 1 ist redlich, seine Fehleinschätzung aber fatal für ihn und den Prinzen. Erst sein mutiges Wort vor dem Kurfürsten (V. 5) rehabilitiert ihn. Aus dem Kreis der Offiziere geht sonst keiner so weit wie er, denn er hat die Stirn, dem Kurfürsten persönlich die Mitschuld am Fehlverhalten des Reitergenerals Homburg vorzuhalten. Dessen grobe Beschimpfung („Tor, der du bist, Blödsinniger!"; S. 85, Vers 1714) steckt Hohenzollern im Bewusstsein eines Mannes weg, dem es um Wichtigeres als um sich selbst und seine beleidigte Ehre geht. Er hat den Kurfürsten innerlich erreicht und zum Innehalten und Nachdenken veranlassen können:

Es ist genug, mein Kurfürst! Ich bin sicher,
Mein Wort fiel, ein Gewicht, in deine Brust!
(V. 5, S. 85, Vers 1 721 f.).

2.4 Prinzessin Natalie: die Freundin

Die Prinzessin aus dem niederländischen Haus Oranien ist die Nichte des Hohenzollern Friedrich Wilhelm I., des Großen Kurfürsten. Nach dem Tod ihrer Eltern hat er die Vormundschaft für sie übernommen und lässt sie wie eine eigene Tochter in Berlin aufwachsen. Sie liebt den Oheim wie einen zweiten Vater; darum fühlt sie sich ein zweites Mal verwaist, als sein Tod gemeldet wird (vgl. II. 6, S. 36, Vers 591 ff.). Prinzessin Natalie ist etwa achtzehn Jahre alt. Der Kurfürst hat ihr bereits ein Dragonerregiment unterstellt, jenes, das Kottwitz befehligt.

Königin Luise von Preußen, die wie Natalie ein Dragonerregiment befehligte; Gemälde von Wilhelm Ternite

Im ersten Teil des Schauspiels erlebt man Natalie als mädchenhaft zurückhaltend, ängstlich (in I. 5) und verzagt (in II. 6). Im zweiten Teil aber übertrifft ihre Kühnheit die der Männer. Sie ist offen in ihrer Zuneigung zum Prinzen (Szene II. 6) und steht doch in der Reihe der vieldeutig-rätselhaften, **verschwiegenen Frauenfiguren Kleists**. Lange kann man ihre Gefühle nur aus ihren **Gebärden** erraten, aber mit ihrer energischen Intervention beim Onkel (IV. 1) und im Ringen um die Rückantwort des Prinzen an ihn (IV. 4) übernimmt sie die Initiative und entschließt sich sogar eigenmächtig zu einem Marschbefehl für Kottwitz.

Natalie hat das nächtliche Spiel des Kurfürsten mit Homburg mitgespielt und den Lorbeerkranz gehalten, aber für sie kann es von dem Augenblick an kein Scherz und Spiel mehr gewesen sein, in dem Vetter Friedrich sich ihr, sich selber unbewusst, geoffenbart, sie als „Natalie! Mein Mädchen! Meine Braut“ angesprochen hat (I. 1, S. 8, Vers 65). Dass er ihren Handschuh festgehalten hat, weiß sie genau. Was ergriff der Prinz? Den Kranz? „Nein, nein!“, gibt sie zur Antwort (ebd. Vers 72). Mehr nicht als dieses vielsagende „Nein, nein!“. Als sie beim Abschied (in I. 5) den fehlenden Handschuh zum Thema macht, will Natalie vermutlich Homburgs Reaktion sehen. Aber in diskursiver Rede kommt nie zum Ausdruck, was in ihr vorgeht.

Was denkt sie über ihre Rolle in jener Nacht und was über die zutage getretenen Gefühle Friedrichs für sie? Dem Kurfürsten fällt beim Abschied (I. 5) auf, dass sie besonders still ist. „Mich schaudert, lieber Onkel“, antwortet sie ihm sibyllinisch (I. 5, S. 17, Vers 242). Schaudert sie das Abschiednehmen vor der Schlacht? Ist es die Kühle der frühen Morgenstunde? Empfindet sie Skrupel angesichts ihrer Mitwirkung bei der verfänglichen Pantomime im Garten vor wenigen Stunden? Bewegt sie das Bewusstsein, nach dem Bekenntnis des Prinzen an einer Wende ihres Lebens zu stehen? „[M]ein süßes Mädchen“, sagt der Kurfürst zu ihr. Mag es sie nicht seltsam berühren, diese Anrede vor kaum drei Stunden ganz ähnlich aus anderem Mund gehört zu haben?

Man erkennt in Natalie die kongeniale Partnerin des Prinzen, die, wie er selbst, eine andere Wirklichkeit hinter der durch Konvention gegebenen erträumt und folglich wie selbstverständlich „in die Traumsphäre [des Prinzen] mit eingetaucht“ ist (Leistner, S. 182). Nimmt sie darum die Werbung des Prinzen so wenig erstaunt und unumwunden an? Man fand an dieser **Liebesszene** (II. 6) auszusetzen, dass ihre „kühle[n] Sparsamkeit“ das Publikum nicht auf seine Kosten kommen lasse (Erich Schmidt, WdF, S. 30 f.). Es geht darin in der Tat verhalten zu. Zwei Gründe lassen sich dafür finden:

- Das Verlöbnis vollzieht sich nicht nur unter dem Eindruck des Todes, sondern gründet geradezu darauf. Die Kurfürstin ist ohnmächtig. Natalie sieht sich abermals als Waise. Da trägt ihr Homburg fast sachlich seinen Schutz und seine Liebe an. Mehr Enthusiasmus wäre in dieser Situation unschicklich. Dass aber Tod und Liebe so auf einem Holz wachsen wie in dieser Szene, ist eine für Kleist charakteristische Konstellation.

- Kleist hat davon abgesehen, der Erklärung eine Liebesgeschichte vorangehen zu lassen. Es ist folglich anzunehmen, dass Natalie sich Homburg bereits seit der Gartenszene verbunden fühlt. Darum hat sie – zumal nach der kleinen Handschuhprobe (I. 5) – keinen Zweifel an der Liebe des Prinzen. Seit seinen Traumworten muss sie sich auch ihrer Zuneigung zu ihm sicher geworden sein. In der Szene werden Wissen und Wirklichkeit für sie nur kongruent miteinander.

Als der Prinz vor den Frauen erscheint und um sein Leben bettelt, weint Natalie (III. 5, S. 55). Sein Auftreten nennt sie später „ganz unwürdig", seinen Anblick „unerfreulich" (IV. 1, S. 62, Vers 1 165 f.). Ganz erbärmlich gibt Homburg sie frei. Aber Natalie zweifelt keinen Augenblick an seiner wahren Persönlichkeit und reicht ihm die Hand. In II. 6 war sie schwach und der Prinz richtete sie wieder auf. Nun, da der Prinz schwach ist, richtet sie sich und ihn auf, versichert ihn ihrer Treue über den Tod hinaus, wählt gerade jetzt die Anrede „junger Held" (Vers 1 053) und rät ihm, sich das Grab ein zweites Mal anzuschauen. Das hört sich so erstaunlich abgeklärt an, als hätte der Tod für sie keinen Schrecken mehr. Wir erfahren nicht, wie sie die Verhaftung des Prinzen und das Urteil des Kriegsgerichts aufgenommen hat. Vermutlich kann das Faktum des Todes an sich ihrem Bild vom Prinzen nichts anhaben, aber als sie ihn jetzt zusammengebrochen erlebt, wird sie zur Handelnden. Sie lehnt sich gegen eine Ordnung auf, in deren Namen man einen Menschen psychisch derart brechen und vernichten kann, klagt den Onkel offen an (IV. 1, S. 61, Verse 1 155, 1 158) und geht in ihrer Empörung so weit, zu ihr an sich fremden und ordnungswidrigen Mitteln zu greifen (vgl. *Interpretationshilfe*, S. 91 ff.). In ihrer Vorstellung von Ordnung sollten **Gesetz und Gefühl**, das Normative und das Subjektive, Humane, gleichberechtigt nebeneinander bestehen können. Ihren Wunsch artikuliert sie in einem zentralen Satz:

Das Kriegsgesetz, das weiß ich wohl, soll herrschen,
Jedoch die lieblichen Gefühle auch.
(IV. 1, S. 60, Vers 1 129 f.)

Damit plädiert Natalie ähnlich wie Kottwitz. Und sogar Homburg hat, wenn auch unüberlegt, aus diesem Geist heraus gehandelt (vgl. II. 10, S. 45). Die Gedanken der Freundin und sein inneres Empfinden stehen in Einklang miteinander. Kleist lässt in den Figuren Dörfling, Kottwitz, Homburg und Natalie seinen Traum wahr werden, in dem der Einzelne im Staat nicht länger Teil einer Maschine ist, sondern Verantwortung übernimmt.

2.5 Die Kurfürstin: Mütterlichkeit

Die Kurfürstin greift nicht entscheidend ins Spiel ein; sie hat ein gutes Herz, aber keinerlei Macht. Sie tritt als würdige Gemahlin und als in sich stimmige **mütterliche Freundin und Vertraute** Nataliens und Homburgs auf. Zu Beginn hat sie Mitleid mit dem Schlafwandler und verbittet sich, Spott mit ihm zu treiben (I. 1, S. 6, Vers 34). Ihr Sensorium ist feiner als das ihres experimentierfreudigen Gatten.

Ihr gesteht Homburg sein inoffizielles Vorverlöbnis mit Natalie, und sie macht ihm Mut (II. 8). Zu ihr nimmt er Zuflucht und fleht um ihre Fürsprache, als er alle Hoffnung verloren hat (III. 5). Abermals ist sie voll Mitgefühl und weint, weil ihr Versuch, den Herrscher umzustimmen, ergebnislos verlief. Beinahe komplizenhaft war sie eben im Begriff, nun auch Natalie in die Höhle des Löwen zu schicken (III. 3), als der Prinz eintritt. Trotz ihrer Erschütterung wahrt sie die Haltung und ermahnt den ihr lieben jungen Mann zweimal dringend, sich wieder zu fassen. Er werde sich mit Mut und Fassung zu „rüsten“ wissen, wenn sich der Tod als unabwendbar erweise (III. 5, S. 55, Vers 994). Sie ist die – nie politisch argumentierende – **Anwältin des Menschlichen** und verkörpert doch so sehr Sitte und Anstand, dass Natalie gegen sie aufbegehrt, als man Homburg nach seiner Selbstbezichtigung an den Frauen vorbei zurück ins Gefängnis führt (V. 8).

„Mein Sohn! Wenn's so des Himmels Wille ist, / Wirst du mit Mut dich und mit Fassung rüsten!" Die Kurfürstin (Monika Barth) versucht den panischen Prinzen (Georg Münzel) zu beruhigen; Aufführung der Bad Hersfelder Festspiele (2003)

2.6 Der Kurfürst: Satzung und Humanität

Kurfürst Friedrich Wilhelm I. ist in Kleists Schauspiel der Garant der staatlichen Ordnung und des Rechts. Kleist überträgt das Selbstverständnis Friedrichs des Großen, der sich als „erster Diener seines Staates" definierte, anachronistisch auf dessen Urgroßvater. Seine Funktion und Position an der **Spitze der Gesellschaft** und als **Familienoberhaupt** sind unumstritten. Sein Handeln scheint geradlinig zu sein. Besonders im fünften Akt zeigt sich seine Souveränität: Er stellt sich seinen aufgebrachten Militärs und meistert die Krise. Dennoch ist diese Gestalt alles andere als makellos.

Ohne Ansehen der Person erklärt der Kurfürst den für des Todes schuldig, der die Reiterei voreilig in den Kampf geführt hat. Der Sieg sei zwar „glänzend", verdanke sich aber dem Zufall statt wohlüberlegter Strategie, subjektiver Eigenmächtigkeit statt verlässlichem Gehorsam. Eine stabile staatliche Ordnung müsse sich auf **Gesetz und Recht** gründen, während subjektive Willkür die Ordnung zerrütte (II. 9). Dass sein Urteil wider Erwarten Homburg trifft, geht ihm nah: Er steht „*betroffen*" (II. 10, S. 43), denn er hat als Staatsoberhaupt gesprochen und befindet sich nun im Konflikt zwischen **seinen beiden Rollen** als **Fürst und** als **Vater**. Fraglich ist, ob er allen Ernstes bis zum Äußersten gehen und den Prinzen erschießen lassen will. Unklar ist, ob er überhaupt überschaut, was aus seiner impulsiv ausgesprochenen Verurteilung werden kann. „Man weiß nicht, was in dem Kurfürsten vorgeht", klagen die Interpreten (Klaus Peter, KJB 92, S. 95). Natalie greift das Todesurteil des Kurfürsten als geradezu pervers an:

Erst, weil er siegt', ihn kränzen, dann enthaupten,
Das fordert die Geschichte nicht von dir;
Das wäre so erhaben, lieber Onkel,
Dass man es fast unmenschlich nennen könnte:
Und Gott schuf noch nichts Milderes, als dich.
(IV. 1, S. 60, Vers 1 107 ff.)

Das Erhabene ist eine Kategorie in der Ästhetik (der Kunstlehre) Friedrich Schillers. Kleist setzt sich im *Prinz von Homburg* kritisch damit auseinander. In *Don Carlos* vollzieht König Philipp heroisch-erhaben, was im *Prinz* droht: Gegen seine Natur opfert er dem Gesetz den eigenen Sohn. Natalie (und Kleist!) beurteilen solche Erhabenheit als starr und „fast" unmenschlich. Ähnlich hatte bereits Homburg den Kurfürsten bezichtigt, ihm „[w]ie die Antike, starr" entgegenzutreten und wie jener römische Brutus zu handeln, der seine Söhne hinrichten ließ, weil sein **sittlicher Rigorismus** von ihm forderte, die Verfassungstreue über die Liebe zu den eigenen Kindern zu stellen (II. 10, S. 45, Vers 777 ff.). Ist der Kurfürst von diesem Zuschnitt? Ist er der prinzipielle **Legalist**, der den „Sohn" (Homburg) auf dem Altar des Rechts zu opfern bereit ist? Wo – außer im zärtlichen Umgang mit seiner Nichte – wäre dann seine **Milde**, die nicht nur Natalie kennt (s. o.), sondern von der auch Homburg noch im Kerker mehr überzeugt ist als vom Spruch des Kriegsgerichts? Der Kurfürst habe „getan, was **Pflicht** erheischte, / Und nun wird er **dem Herzen** auch gehorchen", versucht Homburg Hohenzollern zu beschwichtigen (III. 1, S. 47, Vers 820 f.; vgl. auch Vers 870 ff.).

Es ist nicht ausgeschlossen, dass eine gewisse **Rivalität** und Eifersucht zwischen den beiden Friedrichs, dem Kurfürsten und Homburg, schwelt. Als Homburg im Traum nach den höchsten Glücksgütern, Ruhm und Liebe, greifen möchte, schleudert der Kurfürst ihn deutlich erbost ins Nichts zurück. Erträgt er tief in seinem Innern nicht, dass Homburg ihm den Kriegsruhm streitig macht und ihm sein „süßes Mädchen" Natalie wegnehmen könnte? Ist seine Beziehung zu Natalie libidinös (erotisch), ist Homburgs Beziehung zu ihm **ödipal** besetzt (so Hellmuth Kaiser: Recl. Doc., S. 159)? Kleist hat sich in seinem Werk vielfach auf den griechischen Ödipus-Stoff bezogen. Darin nimmt Ödipus, ohne es zu wissen, dem alten König, seinem Vater, die Frau, tötet ihn und tritt an dessen Stelle. Homburg bietet Natalie an, an die Stelle des väterlichen Kurfürsten zu

Heinrich George als Kurfürst (1939)

treten, als man ihn tot glaubt (II. 6, S. 35). Er selbst zieht einmal Rivalität (Missgunst) als Motiv des Kurfürsten in Betracht; aber er tut das in einer rhetorischen Frage, die sich selbst verneint (III. 1, S. 48, Vers 836 ff.). Kleist schlägt also hier Saiten an, die mitschwingen, ohne sich zum sicheren Motiv zu verdichten.

Mehrfach erläutert der Kurfürst seinen Standpunkt, aber niemand, weder Natalie (in IV. 1, S. 60 f.) noch seine höchsten Offiziere (in V. 5, S. 80), begreifen, dass es ihm nicht darum geht, ein Exempel zu statuieren, den Prinzen psychisch zu brechen oder ihn zu erziehen, sondern darum, den gestörten Zustand der Gesetzessicherheit wiederherzustellen (Blöcker, S. 154).

„Weder der Souverän soll, noch das Gesetz kann allein regieren", übernimmt Kleist als Maxime von seinem Freund, dem Staatsrechtler Adam Müller (Steller: KJB 1992, S. 56); beides muss ineinandergreifen. Das Vaterland und seine Ordnung würden durch einen Gnadenakt nicht gleich zu Bruch gehen, argumentiert Natalie. Vielmehr werde durch die Annullierung des Todesurteils **„die schönste Ordnung erst"**, eine beseelte, humane, höhere Ordnung erscheinen (IV. 1, S. 60, Vers 1 122 ff.). Der Kurfürst wendet dagegen ein, dass das Urteil des Gerichts für ihn bindend sein muss. Wer sich anmaße, die Judikative nach eigenem Gutdünken außer Kraft zu setzen, sei nicht etwa gnädig, sondern ein Despot: ein **Willkürherrscher**. Um diese Unterscheidung geht es Kleist im *Prinz*. Wo ist die Grenze zwischen Willkürherrschaft oder Anarchie auf der einen und inhumanem Maschinenstaat auf der anderen Seite? Was macht den zivilen, humanen Rechtsstaat aus?

Wenn der Kurfürst am Ende, entgegen seinen eigenen Statements, das Todesurteil zerreißt, scheint er merkwürdigerweise dennoch nicht willkürlich zu handeln, sondern in der Tat **menschlich** im Sinne von Nataliens Utopie einer schöneren Ordnung jenseits von Bürokratismus (Legalismus) und Subjektivismus. Spiegelt er hier sogar Homburgs Verhalten, indem nun auch er der „Order des Herzens“ (vgl. II. 2, S. 30, Vers 474) folgt? War ihm also Homburg voraus? – Eindeutig ist nur, dass sich in ihm eine (**dialektische**) **Bewegung** aus der Antithese zwischen formalem Recht und „lieblichen Gefühlen“ (Natalie) hin zur Synthese eines humanen Rechtsaktes vollzieht.

Man hat im Kurfürsten das Idealbild eines Herrschers und Vaters und „eine **gottähnliche Gestalt**“ gesehen: „Dem Gott im Faustprolog vergleichbar, scheint er zu wissen, daß er seinen *Knecht* [Homburg] noch in die Klarheit führen wird.“ (Müller-Seidel in Recl. Doc., S. 170) Homburg selbst hat anfangs dieses Bild von ihm, zumindest erscheint er ihm im Traum ins Göttliche überhöht und „mit der Stirn des Zeus“ (I. 4, S. 13, Vers 158). Er bewundert, liebt und verehrt ihn – bis eben zum Moment seiner Verhaftung. Aber nach verrauchtem Zorn ist er sich wieder sicher, dass dieser Fürst kein „Dei von Algier“ oder Tunis (III. 1, S. 51, Vers 902; siehe V. 2, S. 74, Vers 1 412) ist, sondern ein väterlicher, vielleicht etwas theatralischer **Erzieher und Spielleiter**, der ihn hinabstößt, um ihn grandios und effektvoll „als ein Gott“ (III. 1, S. 48, Vers 856) wieder erheben zu können.

Und doch handelt dieser Kurfürst nicht so souverän und gar nicht so planvoll, wie es den Anschein hat. Er gerät in Situationen, in denen er nicht weniger **intuitiv und spontan** entscheidet **wie der Prinz** in der Schlacht. Und wie der Prinz durchlebt auch dieser unerschütterlich wirkende Mann Momente der Irritation und Fassungslosigkeit:

- Die Pantomime mit Lorbeer und Nike (Natalie als Siegesgöttin) im nächtlichen Garten war sein spontaner **Einfall**. Dass sie ihm aus dem Ruder lief, lässt sich als ironischer Fingerzeig auf seine spätere Verurteilung des Prinzen lesen, denn auch danach ist er nur vordergründig Herr der Lage.
- Nataliens Bericht über die blanke Todesangst des Prinzen verwirrt ihn (IV. 1, S. 61 f.). Er hatte darauf gebaut, dass Homburg das Urteil würde anerkennen, ihm würde zustimmen

können. **Impulsiv** entscheidet er sich darum um: „Nun denn, beim Gott des Himmels und der Erde, / […] so ist er frei!" (ebd. S. 62, Vers 1 175 f.) Und aus dem Augenblick heraus kommt ihm die **Eingebung**, brieflich den Prinzen selbst zum Richter in seiner Sache zu erklären:

Wenn er den Spruch für ungerecht kann halten
Kassier ich die Artikel: er ist frei! – (ebd. S. 62, Vers 1 185 f.)

Das ist eine Volte, die die zuvor beteuerte Hochachtung vor dem Kriegsgericht aufs Spiel setzt und die man sogar für zynisch halten könnte: Der Ankläger entzieht sich der Verantwortung und überträgt sie auf den Todeskandidaten, der nichts als leben möchte. Andererseits macht er damit Homburg – statt zum Objekt – zum Subjekt seines Handelns: Er gibt ihm die Freiheit, selbst zu entscheiden. Auf dieser Grundlage findet Homburg zur Bejahung des Gesetzes.

Spielt er also hier Vabanque oder weiß er, dass niemand sonst so eines Sinnes mit ihm ist wie der Prinz, für dessen Gefühl er „die höchste Achtung" trägt (ebd.)? Dem Antwortschreiben des Prinzen entnimmt er, dass er sich diesmal nicht vertan hat. Erst von diesem Augenblick an gewinnt er innerlich die Oberhand über seine ihn bedrängenden Offiziere zurück und kann umdisponieren: Er wagt es, den Prinzen als Verbündeten an seine Seite zu rufen und mit der Generalität zu konfrontieren (V. 7).

In der Nacht muss der Kurfürst mit der **außerplanmäßigen** Ankunft von Kottwitz' Reitern fertig werden, hört überrascht von der Versammlung im Rathaus (V. 1) und ringt im Selbstgespräch (V. 2) um Fassung. Kleist will, dass er **„halbentkleidet"** vor die Offiziere tritt (V. 1, S. 73), denn er hatte sich bereits in sein privates Kabinett zurückgezogen. Symbolisch sagt das, dass hinter der staatstragenden Rolle der Mensch zum Vorschein kommt: Die Vorgänge treffen den Kurfürsten in seiner Funktion als Landesherr, aber sie schneiden durch die Rolle hindurch und treffen ihn **existenziell**. (Die Intimität der Situation erinnert an die des Prinzen in der Eingangsszene, denn auch er wurde da ungeschützt – „mit bloßem Haupt und offener Brust“ – angetroffen.)

In die größte **Verwirrung** gerät der Kurfürst, als er durch Hohenzollern erfährt, was sein „Scherz“ im Prinzen angerichtet hat. Er will wissen, ob der fragliche Handschuh wirklich Nataliens Handschuh war, und ist konsterniert. „*Der Kurfürst fällt in Gedanken*“, lautet die Regieanmerkung jetzt (V. 6, S. 84). Bisher war auf einen Tatbestand abstrakt und formal der entsprechende Paragraf angewandt worden. Aber auf den Tatbestand fällt ein neues Licht, wenn man die Frage nach dem **Tathergang** und den Motiven des Täters in die Urteilsfindung einbezieht.

Der Kurfürst (Peter Kurth, li.) wird durch Kottwitz' (Andreas Haase, re.) Ungehorsam überrascht; Aufführung am Maxim Gorki Theater Berlin (2007)

Der Kurfürst thront also nicht auf dem Olymp, sondern begreift die eigene Verstrickung in Homburgs Unglück und die **Anfechtbarkeit seiner bisherigen Rechtspraxis**. Durch Erschütterungen entwickelt er sich vom Legalisten zum Landesvater.

2.7 Prinz Friedrich von Homburg: der eigensinnige Held

Der junge General Prinz Friedrich von Homburg scheint ein Edelmann nach dem Herzen des Kurfürsten zu sein. Mehr als die Klugheit des Prinzen schätzt er die **Sicherheit seines Gefühls** (IV. 1, S. 62, Vers 1 183 f.) und baut darauf, dass sich sein Rechtsempfinden am Ende in ihm durchsetzen wird (V. 7).

Den Prinzen zeichnet die „Goldwaage der Empfindung“ aus, die in anderen Werken Kleists Frauenfiguren besitzen. Er scheint gefeit und unirritierbar; charakteristisch ist seine Lieblingsredensart „**Gleichviel**!“ (heute sagt man: „Was macht das schon?“, „was soll's?“). In ihr drückt sich aus, dass äußere Sachverhalte und noch so zwingende Argumente gegen seine innere Gewissheit nicht ankommen (vgl. III. 1, S. 46. In IV. 4 ist ein solcher Sachverhalt sogar der eigene Tod). Aber die **innere Stimme** oder **Order des Herzens** (II. 2, S. 30, Vers 474 f.), der er folgt, verdankt sich dem Traum und der Überzeugung, dass Traum und Wirklichkeit ungespalten miteinander korrespondieren.

Zum Prinzen gehört die Eigenart des Schafwandelns. In dieser dunkel-hellen Seinsverfassung nannte er den Kurfürsten „Mein Vater!“ (I. 1, S. 8, Vers 67) und stieß auf Ablehnung. Als sein Tod aber durch seine Zustimmung besiegelt zu sein scheint, gewährt der Kurfürst ihm das zuvor Abgeschlagene, nennt ihn „mein Sohn“ und spricht ihm Natalie als Braut zu (V. 7, S. 88, Verse 1 784, 1 790). Zwischen diesen beiden Begegnungen hat sich ihr Verhältnis zueinander also verändert; vor allem aber hat sich der Prinz in seinem Inneren gewandelt. Er durchläuft **Stationen**, die sich schroff in ihr jeweiliges Gegenteil verkehren:

- Im **Sieg** zu Fehrbellin und im Vorverlöbnis mit Natalie scheint sich ihm sein Traum zu erfüllen. Er ist ein Held, der **Held von Fehrbellin**; und wie ein **Glückskind** im Märchen sieht er sich zum Gipfel des Daseins emporgetragen (II. 8, S. 41). Die Sicherheit seines Gefühls zerbricht nicht durch den Akt der Verhaftung und Verurteilung; der Eindruck der nächtlichen

Vision ist so stark in ihm, dass ihn der Spruch des Gerichts wenig berührt. Sein Unrechtsbewusstsein ist gering, er glaubt sogar, schließlich doch noch als Sieger geehrt zu werden (III. 1, S. 47 ff.). „Und worauf stützt sich deine Sicherheit?“, fragt Hohenzollern entgeistert. „Auf mein Gefühl von ihm!“, erwidert Homburg (ebd. S. 49, Vers 867 f.). Er **sieht im Kurfürsten** vor allem **den Vater**, der ihn erzogen und gehegt hat wie eine vielleicht etwas zu schnell aufgeschossene Pflanze (ebd. S. 48, Vers 836 f.) und der sich eher selbst etwas antäte, als ihn erschießen zu lassen (ebd. S. 49, Vers 872 ff.).

- Der **Zusammenbruch des Prinzen** geschieht in dem Augenblick, in dem er durch Hohenzollern glaubt begreifen zu müssen, dass er den Kurfürsten verkannt hat. Jenseits des Vaters meint er erst jetzt den kalten Staatsmann zu erkennen, der auch Natalie seinem politischem Kalkül unterwerfen würde (ebd. S. 51 f.). Homburgs **Absturz** („Ich bin verloren.“, Vers 931) ist total. Mit einem Schlag hat er Zuversicht, Hoffnung und innere Balance verloren, denn Hohenzollerns Auskunft vernichtet die Wahrheit seines Traums (Henkel, S. 585) und stürzt ihn damit in die entscheidende Krise seines Bewusstseins (Todesfurchtszene III. 5).

Prinz Friedrich (Paul Herwig) am Boden zerstört; Münchner Kammerspiele 2007

- Doch kurze Zeit später erscheint er neu aufgerichtet und in tragischer Größe vor dem Kurfürsten, erklärt sich für schuldig und will
  [...] das heilige Gesetz des Kriegs,
  Das ich verletzt, im Angesicht des Heers,
  Durch einen freien Tod verherrlichen! (V. 7, S. 87, Vers 1 750 ff.)

Der fast kindliche Träumer des Anfangs, der vermessene Angreifer im Feld, der eben noch Gebrochene hat sich – wie zu einem neuen Lebensinhalt – zum Tod entschieden. Diesmal hat er nicht die Schweden, sondern die eigene Sterblichkeit besiegt. Erschien der Prinz bisher eher von Emotionen gelenkt, so steht er jetzt hart und mit „unbeugsame[m] **Wille[n]**" (ebd. Vers 1 749) vor den anderen. Damit verkörpert er nun doch die **Erhabenheit**, die Natalie „fast unmenschlich" nannte (vgl. IV. 1, S. 60, Vers 1110) und gleich darauf auch so erfahren soll (V. 8). Aber für Kleist ist das Erhabene kein höchster Wert, sondern nur ein Durchgangsstadium zu einer weiteren Transformation. Im Schluss nämlich hat sich die pathetisch-heroische Entschiedenheit zum Tode in todesgewisse Leichtigkeit verwandelt: in Anmut oder das, was bei Kleist **Grazie** heißt. Nicht mehr mit unbeugsamem Willen, sondern fast schon wie ein Luftwesen zart und entrückt lässt sich der Prinz zur vermeintlichen Exekution führen (vgl. *Interpretationshilfe*, S. 98 ff.).

Obwohl die innere Wandlung des Prinzen so markant zutage tritt und auf der Hand zu liegen scheint, kann man doch auch zu der Ansicht kommen, er habe sich **nicht entwickelt** (gewandelt), sofern man nach seiner Integration in die vorhandene Gesellschaft fragt. Obwohl er beliebt ist bei seinen Kameraden, obwohl sie alle bereit sind, für ihn durchs Feuer zu gehen, bleibt er doch sonderbar **fremd, exklusiv und unzugehörig** (vgl. Leistner, S. 164; ähnlich Eibl: Recl. Doc., S. 184). Am Anfang durchlebt er ichverfangen seine ehrgeizigen subjektiven Träume und beugt sich bei der Befehlsausgabe nicht, wie alle anderen,

Dörflings Diktat und damit der dienstlichen Hierarchie. Er tut nur so, als ob er mitschriebe (I. 5, S. 22), und bekennt Hohenzollern freimütig: „Diktieren in die Feder macht mich irr." (II. 2, S. 27, Vers 421) Man kann das für Arroganz halten, aber es ist keine Attitüde: Während alle sich dem Diktat unterwerfen, sträubt sich im Prinzen etwas gegen die mechanische Übernahme des fremden Willens. Kleist selbst hielt es in keinem Amt aus und nahm den Abschied vom Militär, weil sein **Selbstbestimmungsanspruch** Subordination nicht ertrug, und so stattet er mit dieser Anlage auch seinen Protagonisten aus. Es reißt Homburg dazu hin, auch in seiner dienstlichen Funktion als General im Felde letztlich **eigensinnig** statt nach Vorschrift zu handeln. Dabei bleibt das Motiv für seine Voreiligkeit und Insubordination uneindeutig. Indem er der „Order seines Herzens" folgt, macht er seine Sache gut: Sein Handeln führt zum Erfolg. Aber handelt er um der gemeinsamen Sache willen, wie Kottwitz ihm später bescheinigt, oder doch eher selbstsüchtig? Auf dem rechten Flügel ist der Durchbruch gelungen und man triumphiert (II. 2, S. 30, Vers 467). Durchfährt den Prinzen da nicht der Schreck, am Ende seine Chance zu verpassen, weil schon alles getan ist und er zu spät kommen könnte, um sich auszuzeichnen? Geht es ihm ganz subjektiv um seinen Lorbeer oder um die Sache Preußens in diesem Moment? Um seinen subjektiven Ruhm oder um die Gemeinschaft? Darf man zu sei-

Homburg (Ole Lagerpusch) in Siegerpose; Deutsches Theater Berlin 2009

nen Gunsten annehmen, dass beides in ihm untrennbar ist, da sein Ruhm und Eifer dem Kurfürsten und dem Land zugutekommen? Oder beschäftigt Kleist gerade und vor allem der prekäre **Zwiespalt zwischen** individuellem Freiheitsbedürfnis und gesellschaftlichem Zwang, zwischen „**Ichmensch und Einordnungsmensch**“ (Kerr, Recl. Doc., S. 144)?

Abgeschlossen von allen anderen verbringt der Prinz später seine Zeit im Gefängnis. Für sich allein hat er die doppelte Begegnung mit seinem Grab zu verarbeiten. Und als er sich schließlich zum Kriegsrecht und höheren Wohl des Vaterlandes bekennt (V. 7), sich also zu integrieren scheint, weiß er sich doch bereits dem Tod zugehörig: Er bestätigt also ein System, das ihm nichts mehr anhaben kann. Für die Freunde rührend, aber ihnen gleichzeitig unbegreiflich fremd tritt er zu ihnen und bietet sein Opfer an. Und da der Kurfürst ihn zuletzt unsanft ins Dasein und die Gemeinschaft zurückdonnern lässt (V. 11), fällt ein bereits gänzlich Weltentrückter zu Boden.

3 Themen und Motive

3.1 Wahn und Wirklichkeit

Heinrich von Kleist war im Geist der Aufklärung erzogen worden. Im Vertrauen auf die Vernunft glaubte er zur klaren Erkenntnis der Menschen, seiner selbst und eines sinnvoll geordneten Weltganzen gelangen zu können. Aber als er sich mit der **Vernunftkritik** des Philosophen **Immanuel Kant** (1724–1804) beschäftigte, verstand er, dass die Vernunft (erstens) nicht dazu in der Lage ist, einen Sinn oder vernünftigen Weltgrund zu erkennen, und dass (zweitens) der Erkennende und das Erkannte nicht eindeutig voneinander geschieden werden können: Im vermeintlich objektiv Erkannten stecke immer auch das Subjekt des Erkennenden, sodass man die Bedingungen des Erkenntnisprozesses untersuchen müsse. Diese Einsichten erschütterten Kleists Vernunftglauben bis auf den Grund und vernichteten sein Lebenskonzept. Er erklärte im Brief vom 22. 3. 1801 (Nr. 39) der Braut gleichnishaft, was ihn peinigte:

> *Wenn alle Menschen statt der Augen grüne Gläser hätten, so würden sie urtheilen müssen, die Gegenstände, welche sie dadurch erblicken, s i n d grün – und nie würden sie entscheiden können, ob ihr Auge ihnen die Dinge zeigt, wie sie sind, oder ob es nicht etwas zu ihnen hinzuthut, was nicht ihnen, sondern dem Auge gehört. So ist es mit dem Verstande. Wir können nicht entscheiden, ob das, was wir Wahrheit nennen, wahrhaft Wahrheit ist, oder ob es uns nur so scheint [...].*

Die Inhalte und Bilder seines Werks handeln fortan von den Selbsttäuschungen und zugleich von dem Selbstklärungs- und Aufklärungsverlangen des Ich in einer als derart zweideutig erfahrenen Welt, dass darin einer der redlichsten Menschen ein entsetzlicher Mörder wird (Kohlhaas) und ein Held ins Nichts abstürzt. Widerlogisch ist das und paradox. Wie die Marquise von O. in der gleichnamigen Erzählung muss man die „gebrechliche Einrichtung der Welt“ anzuerkennen lernen, um nicht an ihr zu zerbrechen.

Aus der Erkenntnis- oder Vernunftskepsis heraus entstehen Kleists als modern empfundene Charaktere, da sie nicht ideal (nach Ideen konstruiert) sind, sondern verstrickt ins Dasein, dem Unvorhersehbaren ausgesetzt und gespalten in widersprüchlichem Begehren. In Kleists letztem Stück verwirren sich dem Prinzen Friedrich von Homburg **Wirklichkeit und Traum** bis an die Grenze der Verrücktheit und Bewusstseinsspaltung.

Auf einer äußeren Ebene des Geschehens gibt Kleist kleine Zeichen, die nebensächlich und kurios erscheinen, aber auf die grundsätzliche **Wahrnehmungsunsicherheit** hindeuten. Hohenzollern bezeichnet Homburgs Pferd erst als Rappen (II. 1, S. 26, Vers 380), dabei ist es ein Goldfuchs (II. 10, S. 43,

Vers 744). Er fand ihn unter einer Eiche, spricht aber später (in V. 5) von Plantanen (Vers 1 635); Homburg nimmt den Duft von Nachtviolen wahr, aber es sind Nelken und Levkojen (V. 10). Komisch erscheint, aber verhängnisvoll wirkt sich aus, dass Homburg den objektiven Befehl zum Fanfareblasen subjektiv adaptiert (I. 5). Eine Fülle von Irrtümern, Missverständnissen und Fehldeutungen (vgl. *Interpretationshilfe*, S. 49) bezeugt, dass nicht nur die Orientierung in der Wirklichkeit ein Problem ist, sondern grundsätzlich der Anspruch, Recht zu sprechen und die Wahrheit zu ergründen. Wie in der modernen Literatur des 20. Jahrhunderts gibt es in Kleists Dichtung keinen allwissenden Erzähler oder Dramaturgen. Weil er von der Vieldeutigkeit der menschlichen Verhältnisse ausgeht, lässt er Deutungsmöglichkeiten in der Schwebe und gibt sie an den Leser weiter.

Die Subjektabhängigkeit des Erlebens vermittelt Kleist auch dadurch, dass er ein und dasselbe Ereignis aus **verschiedenen Perspektiven** beleuchtet. Auf vier Personen hat der schlafwandelnde Prinz (in I. 1) einen je anderen Eindruck gemacht. Die Kurfürstin hält ihn für krank, der Kurfürst ist zunächst eher belustigt und interessiert, später entrüstet. Natalie fühlt sich ihm am Ende wohl innerlich verbunden, während Hohenzollern erschrickt. **Dreimal** rollt Kleist **dasselbe Geschehen** auf:

- In I. 1 haben alle – vielleicht mit Ausnahme Nataliens – Homburg aus der Außensicht erlebt.
- Aus der Innensicht entfaltet sich das Geschehen ein zweites Mal, indem Homburg dem Freund seinen Traum erzählt (I. 4). Der reale Hergang und die im Subjekt hervorgerufenen märchenhaften Bilder, Visionen und erregenden Empfindungen sind beide wahr – und miteinander unvereinbar. Was fortan das Handeln des Prinzen bestimmen wird, kann nur der eingeweihte Hohenzollern nachvollziehen. (Der Kurfürst geht – nach einem Anflug von schlechtem Gewissen in I. 3 – zur Tagesordnung über.)

- In einem dritten Durchgang (V. 5) wird das Geschehen erneut vergegenwärtigt: Hohenzollern vermittelt jetzt dem Kurfürsten, wie sich sein vermeintlich harmloser Scherz in der Innensicht des Betroffenen ausnahm.

Aus Szene I. 1 geht hervor, wie radikal die Erkenntnisproblematik die Wurzeln der Existenz generell bedroht. Kleist zeigt sie unter extremen Bedingungen, indem der Kurfürst den Traum manipuliert: Er implantiert ihm Wirklichkeitspartikel. Ähnlich wie im Fall des Fanfareblasens nimmt Homburgs Geist die sich einmischende Wirklichkeit selektiv wahr und bindet sie stimmig in seinen Traum ein. Da aber der Handschuh zurückgeblieben ist und Homburg ihn – im Bemühen, diese unlogische Ungereimtheit aufzuklären – tatsächlich als Nataliens Handschuh identifiziert, muss er auf **die reale Gültigkeit des Geträumten** zurückschließen. Er folgt dem Traumgesicht und wird in Wirklichkeit schuldig. Das Verhältnis zwischen Wirklichkeit und Wahn wird zum Spiegellabyrinth. Notwendig „zerstreut" und „zerteilt" verfängt (verirrt) sich Homburg darin. Die Rückspiegelung im Schlussbild (V. 11) löst das **Erkenntnisdilemma** nicht auf. Man kann es beim ersten Lesen für die Überführung des Geträumten in die Wirklichkeit halten, aber Kleist (in der Maske des Kottwitz) weiß: Es ist „[e]in Traum, was sonst?" (V. 11, S. 93, 1586) Es ist ein poetisch-ironisch potenzierter Traum: ein Traum zweiter Ordnung.

3.2 Somnambulismus

Man könnte erwarten, dass die tragische Weltsicht Kleists das Stück atmosphärisch verdüstern würde. Aber schon seine ersten Leser staunten über die Heiterkeit und das zwischen Witz und Ironie changierende Spiel bei vollem Ernst. Kleists Figuren in *Prinz Friedrich von Homburg* leuchten von innen, wurde gesagt. Besonders der Prinz hat Zugang zu einer Lichtquelle in sich, die durch seine gesellschaftliche Inanspruchnahme nicht zu löschen ist. Er vermag aus der irrtumsanfälligen Ratio in die Tiefen seines Unterbewusstseins einzutauchen: Kleist gibt Homburg die Eigenschaft des Somnambulismus, um diese Fähigkeit, seine Vielschichtigkeit, Ichstärke und die daraus resultierende Gefährdung veranschaulichen zu können. Der Dichter kann das rational begrenzte Menschenbild der Aufklärung um die Dimension seiner elementaren Gefühls-, Trieb- und Seelenkräfte erweitern, weil er in einer Zeit lebte, in der man die Schicht des **Unterbewussten** in der menschlichen Natur wissenschaftlich zu entdecken begann.

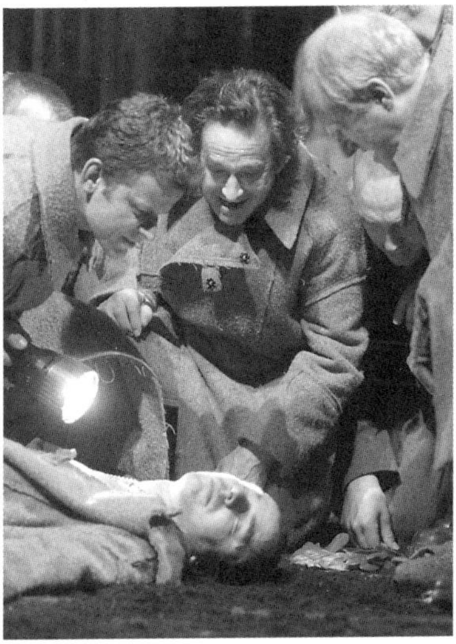

Objekt der Neugierde: der somnambule Prinz (Thomas Schmauser); Thalia Theater Hamburg 2001

Die Intellektuellen in ganz Europa verfolgten mit Spannung Publikationen über die **Phänomene der Hypnose und des Somnambulismus**. Große Beachtung fanden die Ärzte Anton Mesmer (1734–1815) und Luigi Galvani (1737–1798), die Magnetismus (Mesmerismus) und elektrische Ströme (Galvanismus) zur Heilung ihrer Patienten einsetzten. Man glaubte, dass man durch ein magnetisches Feld ein Nervenfluidum im Menschen stimulieren könne, das ihn in Übereinstimmung mit den magnetischen Feldern des Weltalls versetze (Peters, S. 136). Schriftsteller besuchten ärztliche Sitzungen mit Somnambulen und konnten sie im Zustand außerrationaler Hellsichtigkeit (Clairvoyance), vollständiger Muskelentspannung und Schmerzlosigkeit beobachten. Kritische

Gutachter schlossen aus, dass Betrug dabei im Spiel sein könnte (Peters, S. 140). Die Wissenschaft erforschte und beschrieb also Phänomene, auf deren Grundlage im 20. Jahrhundert Sigmund Freud (1856–1939) seine systematische Lehre vom Trieb- und Seelenleben des Menschen entwickelte. Den romantischen Dichtern aber lieferte die Wissenschaft die Bestätigung für das, was sie dunkel in sich als Quelle ihrer Inspiration spürten. So wie man die Sterne am Tag nicht sieht, die doch auch am Tag da sind, so mussten unsichtbare Bereiche im Menschen vorhanden sein und zum Leuchten gebracht werden. Besonders die **Romantiker** interpretierten, dass der Weg zum „Urwahren" und zur inneren Vereinigung mit der Weltseele durch das Unterbewusste führe und dass aus pathologisch Somnambulen mehr Realität, Wahrheit und produktive Fantasie spreche als „aus den glänzendsten Producten eines einseitigen Verstandes" (Peters, S. 141).

Aber auch im Gefolge Rousseaus, den Kleist schätzte, hatte schon Goethes Werther (1774) Kindern und Irren, Schlafenden und Träumenden, Liebenden und Dichtern mehr Wahrheit zugetraut als den Nüchternen, den Vernünftigen und Überzivilisierten. **Zivilisationskritik** motivierte das Interesse an den neuen Entdeckungen mit.

Bei Kleist ist also der **Somnambulismus** des Prinzen **keine Krankheit**, sondern im Gegenteil Chiffre seiner Regenerationskräfte und seiner seelischen Gesundheit. Dreifach geborgen – im Garten, in der Nacht und im Traum – ist er gleichsam bei den Quellen seines Daseins. In dieser Zone gibt es keine Aufspaltung zwischen Gewissheit und Zweifel; keine Zerstreutheit, sondern Sammlung, Ganzheit und die Vision einer ins schier Überirdische gesteigerten Daseinsmöglichkeit (I. 4, S. 14, Vers 178 ff.). Eine ähnliche Funktion wie der Somnambulismus hat die **Ohnmacht** (I. 4., V. 11). Wenn extreme Widersprüche den Verstand zu zerreißen drohen, kann der Geist in der Ohnmacht Zuflucht finden und erfrischt wieder emportauchen.

Somnambulismus des Prinzen: Augenblick paradiesischer Geborgenheit

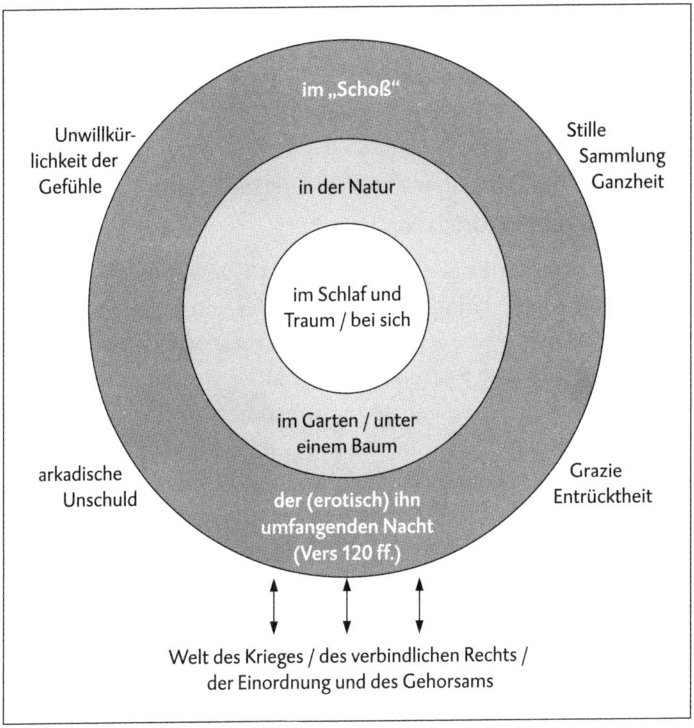

Hohenzollern definiert den Somnambulismus des Freundes als „bloße Unart seines Geistes“ (Vers 39), die der Rationalist und Hofmann verständnislos belächelt (Vers 59 ff.). Der Kurfürst nennt den Prinzen einen „Toren“ (Vers 55). Und etwas töricht und unschuldig-infantil ist durchaus, was der Prinz da treibt. Zugleich drückt sich im Rückzug seiner Psyche in sich selbst – in aller Unschuld – auch so etwas wie eine **Gehorsamsverweigerung** aus. Er sitzt da „mit bloßem Haupt und offner Brust“, während die anderen uniformiert ins Feld reiten. Er ist einen Augenblick lang als Individuum aus der gleichgeschalteten Militärmaschinerie ausgeklinkt, sodass sich der Kontrast zwischen dem Einzelnen und seiner gesellschaftlichen Vereinnahmung andeutet. Weil Homburg aus zwei Wesensschichten heraus lebt, aus der träumerisch vorbewussten und der bewussten, gerät er einerseits in Konflikt mit der Wirklichkeit und hat andererseits die Kraft, die Krise durchzustehen.

3.3 Kleists Aufsatz „Über das Marionettentheater“ und „Prinz Friedrich von Homburg“

Zeitgleich mit der Entstehung des *Prinz Friedrich von Homburg* publizierte Kleist Anfang Dezember 1810, ein knappes Jahr vor seinem Tod, die kleine Abhandlung *Über das Marionettentheater.* Sie enthält auf acht Buchseiten das fiktive Gespräch mit einem Tänzer, zwei darin eingebettete Anekdoten und – obgleich es Einwände gegen diese Einschätzung gibt – vermutlich nichts Geringeres als Kleists Summe seiner Philosophie und Ästhetik: Es sind Gedanken, die ihre Spur im dichterischen Werk hinterlassen haben (vgl. Stark Verlag, *Marquise von O.*, S. 2 f. und 91 f.), sich aber am reinsten in der Figur des Prinzen von Homburg verkörpern.

Im *Marionettentheater* reflektiert Kleist den biblischen Mythos von Paradies und Sündenfall. Für Kant und Schiller hat der Mensch, indem er im Paradies den **Apfel vom Baum der Erkenntnis** gegessen und damit sein kritisches Bewusstsein erlangt hat, die Tierheit verlassen und ist durch diesen Akt des Ungehorsams erst glücklich zum Menschen geworden. Für Kleist dagegen beginnt mit der Reflexion des Menschen seine Schieflage: Indem er sich seiner bewusst wird, fällt er aus dem ursprünglichen Zustand instinktsicherer Harmonie mit sich und der Natur heraus; er verliert seine vorrational traumwandlerische Balance und Anmut. Kleist bevorzugt statt des Begriffs der Anmut den der **Grazie**. Während bei Schiller Anmut aus der Synthese von natürlicher Empfindung und höchster Moralität resultiert, ist Grazie für Kleist unabhängig von Kategorien der

Moralität. Sie ist unbewusste Vollkommenheit (Földényi, S. 180). „Jede erste Bewegung, alles Unwillkührliche, ist schön, und schief und verschroben Alles, so bald es sich selbst begreift", schrieb er 1806 dem Freund Rühle. „O der Verstand! Der unglückseelige Verstand!" (Werke Bd. 4, Nr. 103, S. 362) Der Tänzer C. studiert die hölzerne Marionette und glaubt, von der sicheren Schönheit ihres Tanzes für seine Kunst lernen zu können. Da sie kein Bewusstsein hat, folgt die Bewegung ihrer Glieder mechanisch ihrem **Schwerpunkt**, den der Marionettenspieler dirigiert. Menschliche Tänzer dagegen geraten aus dem Lot, aus ihrem Schwerpunkt, weil Ehrgeiz und Wollen (Bewusstsein) sie steuern. Der Gesprächspartner (Kleist) erzählt von einem Jungen, der sich aufs Abscheulichste zierte und verrenkte und sozusagen seine Unschuld verlor, als er eine unbewusst anmutige Bewegung absichtlich zu wiederholen versuchte. Die zweite Anekdote bestätigt diesen Bericht. Ein glänzender Fechter konnte einen Bären nicht bezwingen, weil das instinktsichere Tier durch Finten nicht zu täuschen war.

Je dunkler also das Bewusstsein, desto strahlender trete die Grazie hervor. Doch so wie

> *das Bild des Hohlspiegels, nachdem es sich in das Unendliche entfernt hat, plötzlich wieder dicht vor uns tritt: so findet sich auch, wenn die Erkenntnis gleichsam durch ein Unendliches gegangen ist, die Grazie wieder ein; so, daß sie, zu gleicher Zeit, in demjenigen menschlichen Körperbau am Reinsten erscheint, der entweder gar keins, oder ein unendliches Bewußtsein hat, d. h. in dem Gliedermann, oder in dem Gott.*
> (Werke Bd. 3, S. 563)

C.'s Gesprächspartner lacht über diese Schlussfolgerung; dennoch fasziniert sie ihn.

Den Rückweg ins Paradies, wie ihn manche Romantiker suchten, gibt es für Kleist nicht. Das Paradies ist verriegelt. Die Wirklichkeit kann auch nicht idealisiert oder ins Irreale übersprungen werden. Kleist entwirft als Gedankenspiel das Lebensprojekt eines Weges nach vorn, durch die Wirklichkeit hindurch und über eine potenzierte Erkenntnis zu einem unendlichen, quasi göttlichen Bewusstsein. Der Mensch müsse die Reise um die Welt machen, folgert er, um zu sehen, ob das Paradies „von hinten irgendwo wieder offen" sei (S. 559): Er müsste gleichsam ein zweites Mal vom Baum der Erkenntnis essen, um in den Stand der Unschuld zurückzufallen (S. 563). – Wieder lacht der Sprecher, aber der kühne Gedanke einer intellektuellen Selbsterlösung als zweiter Weg ums Gehirn herum und als Transzendierung von Welt, Bewusstsein und Selbst ist damit ausgesprochen. Und eben diese dialektische Denkspirale oder dreifache Schlaufe durchläuft Homburg.

Prinz Friedrich von Homburgs „Reise um die Welt"

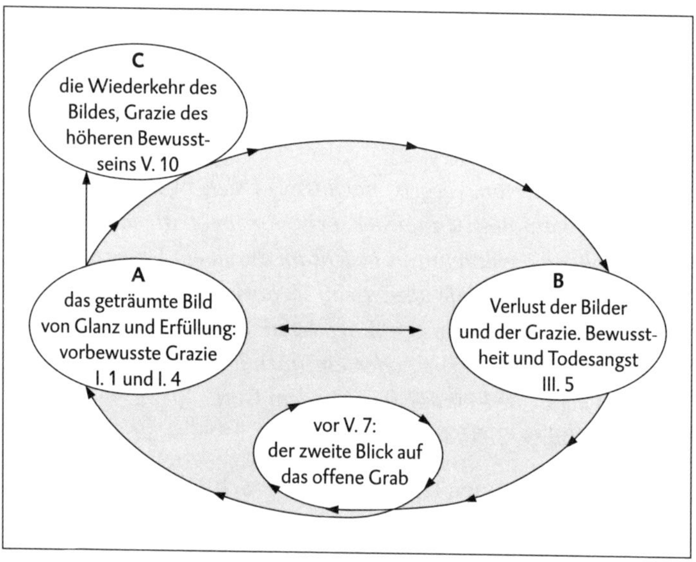

Schlafwandelnd ist der Prinz bei sich, in seinem Schwerpunkt, im Zustand der Unschuld und Grazie. Im Symbol des Somnambulismus kann Kleist diese Daseinsstufe andeuten. So wie Homburg träumerisch den Auftritt des Kurfürsten, der Kurfürstin und Nataliens erlebt und sie wieder entschwinden sieht, schaut er **das Paradies** (I. 4, S. 14, Vers 178 ff.). Aber er selbst ist ausgeschlossen: „Das Tor fügt rasselnd wieder sich zusammen" (Vers 187).

Homburg versucht, nach dem Erwachen die Bilder des Traums in die Wirklichkeit hinüberzuretten, er versucht, die Wirklichkeit seinen Traumverheißungen gefügig zu machen (in II. 2), und will lange nicht begreifen, dass sie anderen Gesetzen gehorcht. Er verfehlt sich; er wird verurteilt; er gerät außer sich. Homburg stürzt in den schwarzen und hoffnungslosen **Nullpunkt** der Todesfurchtszene ab. Er liegt hier gleichsam verrenkt und gänzlich ohne Grazie am Boden: ein abgestürzter Ikarus.

Szene IV. 4, in der der inhaftierte Prinz den Brief an den Kurfürsten verfassen soll, gibt am ehesten einen Begriff davon, wie schwer es ist, sich allmählich zur Anerkennung der Wirklichkeit, der Schuld und der eigenen Sterblichkeit durchzuringen. Indem Homburg Nataliens Rat befolgt und sich noch einmal ruhig das Grab anschaut, das ihm geöffnet ist (vgl. Vers 1 054 f.), nimmt er sich als **Teil der gebrechlichen Einrichtung der Welt** an und findet neuen Stand.

Am Ende dieser Reise durch Konflikte und Lebenserfahrung hindurch steht der Homburg des Schlussmonologs (V. 10) in einer Grazie, die die Schwerkraft überwunden zu haben scheint. Mit Kleists Gestaltung der letzten Szene, deren Begnadigungszeremoniell so grausam erschienen war, hat es doch seine Richtigkeit, wenn man sie vom *Marionettentheater* her betrachtet. Das Bild im Hohlspiegel war nicht endgültig verschwunden. Auf der Daseinsstufe, die der Prinz jetzt erreicht hat, tritt es plötzlich wieder ganz nah und mit überwältigendem **Glanz** vor seine Augen.

4 Interpretation von Schlüsselstellen

4.1 Szene IV. 4: Homburgs Ringen um Fassung

Als man Natalie mit dem Brief des Kurfürsten bei Homburg im Gefängnis anmeldet, hatte der sich eben „nachlässig“ – wie zwischen Sein und Nichtsein sich einrichtend – auf der Erde niedergelassen (IV. 3). Seine Panik (Todesfurchtszene III. 5) ist bitterer Resignation gewichen. Zu hoffen (vgl. S. 58, Vers 1 068) scheint er nichts mehr.

Natalie bringt den kurfürstlichen Brief, der Begnadigung unter der Bedingung verspricht, dass der Prinz seine Verurteilung für unrecht halte. Aus dem Umgang mit dieser paradoxen Klausel entwickelt sich die außerordentliche innere **Dramatik** der Szene auf drei Ebenen (man hat IV. 4 ein Drama im Drama genannt: Henkel, S. 592):

- Zwischen Natalie und dem Prinzen entspannt sich ein Ringen um die wünschenswerte bzw. angemessene Antwort auf den Brief. Im Spannungsfeld zwischen Nataliens Rettungseifer und Homburgs Zögern formt sich die Tragödie des Prinzen aus.
- Homburg setzt sich mit dem über ihn verhängten Urteil und mit dem Kurfürsten auseinander.
- Vor allem kämpft er mit sich selbst. Er stellt sich der Frage seiner Schuld und fragt sich im Angesicht des Todes neu, wer er sei und zu sein habe.

Die große seelische Bewegung, zu der die Auseinandersetzung um den Brief führt, lässt sich anhand von Nataliens erster und letzter Äußerung dazu ermessen. Sie kam mit der Freudenbotschaft: „Gut. Alles gut. [...]/ Begnadigt seid Ihr, frei“ (S. 68, Vers 1 302 f.), und endet mit einem erschrockenen „O Gott im Himmel!“, als der Prinz seinen Antwortbrief siegelt (S. 72, Vers 1 378). Den Wendepunkt des inneren Dramas markieren ihr Satz „O Gott der Welt! Jetzt ist’s um ihn geschehn!“ (S. 70, Vers

1 339) und ihre (geradezu dramaturgische) Frage „Welch eine Wendung? –/Warum? Weshalb?“ (Vers 1 352 f.).

Natalie war der Sinneswandel ihres Oheims zugunsten des Freundes durchaus unheimlich vorgekommen (IV. 1, S. 63, Vers 1 200 ff.), und die Emphase ihrer Freudenbotschaft klingt eher suggestiv als überzeugt; aber sie ist gewillt, an die Rettung des Prinzen zu glauben und **für sein Leben zu kämpfen**. Sobald sie jedoch den Inhalt des Briefes erfährt, erblasst sie (S. 68): Sie erkennt, dass die Klausel des Kurfürsten das Ehrgefühl des Prinzen anspricht und ihn in die Pflicht nehmen wird. Der Kurfürst appelliere „an eine Zone innerster Aufrichtigkeit und Noblesse im Homburg […], in der es kein Feilschen und keinen Selbstbetrug gibt“, heißt es in einer Interpretation von 1960 (Blöcker, S. 69). Dennoch versucht es Natalie mit gespieltem Optimismus („O sel'ge Stunde […]! […] O Bork! O freut euch doch!“ Vers 1 316 ff.) und in verzweifelt-komischem Sturmangriff, indem sie

- verhindern will, dass der Prinz zur Besinnung kommt,
- ihm die rettende Antwort diktieren will,
- ihm den Brief wegnimmt,
- ihn zweimal (S. 69 und S. 71) eindringlich an das offene Grab erinnert.

Aber sie erreicht den inzwischen ruhig Gewordenen nicht. Ihre zärtlichen Anreden („Lieber, guter Vetter!“, „O lieber süßer Freund!“) erwidert Homburg wohl deshalb so förmlich („Mein teures Fräulein!“, S. 68), weil ihm nicht entgeht, dass die Freundin ein ihrer selbst unwürdiges Theater veranstaltet. Sie scheitert damit und weint (S. 69 Mitte). Wie es in Wahrheit um sie bestellt ist, ist nicht aus ihren Worten und Initiativen zu erfahren, sondern – wie fast immer bei Kleist – aus der **Körpersprache:** aus ihrem Erblassen und ihrem Weinen.

Auffällig ist, dass Kleist die **Entscheidung des Prinzen** nicht, wie in Dramen üblich, in einen (Entscheidungs-)Monolog legt. Homburgs Entschluss reift im **Dialog** mit Natalie und dennoch an ihr vorbei. Gerade durch das dialogische Moment, durch Nataliens Anwesenheit, werden die **Einsamkeit** des Selbstfindungsvorgangs und die Distanz zwischen den Liebenden deutlicher spürbar; andererseits finden sich beide gegen Ende auf besonders innige Weise.

Das anfängliche Missverständnis entsteht, weil Natalie (seit III. 5) von einem Prinzen ausgehen muss, der nichts anderes mehr als das nackte Leben will. Diesen hätte sie mit ihren Horrorgemälden vom offenen Grab erschrecken und vielleicht zu einer unüberlegten Antwort überreden und dadurch retten können. Wider Erwarten trifft sie aber auf einen Prinzen, der über ihre Manöver lächelt (S. 69) und sich ihnen entzieht. In mehrstufigem Prozess fasst er sich innerlich und findet seine Antwort. Zunächst setzt er noch umstandslos zu schreiben an, aber er verwirft diesen Brief als zu billig und seiner nicht würdig (Vers 1 334). Als er die Bedingung des Kurfürsten begreift, regt sich zuerst Sarkasmus in ihm, als wäre sie der Trick eines Menschen, der die Verantwortung von sich schiebt:

Recht wacker, in der Tat, recht würdig!
Recht, wie ein großes Herz sich fassen muss! (Vers 1 343 f.)

Aber am Ende wird ihm der Kurfürst zum Maßstab (Vers 1 380 ff.), so wie er es vor Hohenzollerns Verdächtigungen (in III. 1) gewesen war. Indem sein altes Bild sich wiederherstellt, wankt auch er nicht mehr. Homburg beansprucht Zeit, um **allmählich** in den Geist des kurfürstlichen Schreibens eindringen zu können; er prüft sein Verhältnis dazu, liest trotz Nataliens Gegenwehr den Brief ein zweites Mal (S. 70), will die Antwort lieber noch einmal überschlafen (Vers 1 351), erwägt den Sachverhalt neu, liest ein drittes Mal (S. 71) und weiß dann, was er zu tun hat. Möge der Kurfürst nur handeln, wie er von Rechts wegen dürfe, erklärt er Natalie, „Mir ziemt's hier zu verfahren, wie ich soll!" (Vers 1 375).

Der Akzent liegt auf dem Soll. Der Prinz gehorcht seinem eigenen kategorischen Imperativ (seiner moralischen Notwendigkeit). Spuren jugendlichen Trotzes (er verzichtet lieber auf Gnade, als darum zu streiten; Vers 1 384 f.) flackern noch auf, aber entscheidend wird der Satz: „Schuld ruht, bedeutende, mir auf der Brust“ (Vers 1 382).

Die Aussage ist außerordentlich. Jede Umformulierung würde ihr nehmen, was Kleist durch das nachgestellte, durch Kommata isolierte Attribut „bedeutende“ zwischen „Schuld“ und „Brust“ bewirkt hat. Jedes einzelne Wort hat Gewicht.

Natalie (Sandra Bayrhammer) bejaht Homburgs (Robert Kuchenbuch) Entschluss; Maxim Gorki Theater Berlin 2007

Seit Homburg sich von Natalie nicht mehr überrannt fühlt, kehrt er zum vertrauten Du und zu liebevoller Anrede zurück (ab S. 70, Vers 1 350). Und da, als jeder wieder in seiner Verantwortung für sich selbst respektiert ist, entsteht ein feines **Einverständnis** zwischen beiden. Ihr Drängen hat seinen Entschluss zur Selbstanklage paradox befördert, indem er ihr schon einmal probeweise, hypothetisch und mündlich vorformuliert, was zu antworten wäre (S. 71, Vers 1 356 f.). Ein wenig ist das noch wie ein Spiel; aber er hört sich gleichsam ein und hat sich damit entschieden. Da spürt er trotz ihres Erschreckens (sie wird abermals bleich) ihre unwillkürliche Zuneigung und erwidert sie: Er *„drückt ihr die Hand“* (ebd.). Vorher gab es viele Worte, aber erst in dieser stummen Geste wird der Dialog zum wirklichen Dialog: zur Verständigung.

Natalie wollte einen Unheldenmütigen retten. Das kreatürliche Dasein des Prinzen allein ist ihr lieb. („Ich will nur, dass er da sei, lieber Onkel, / Für sich [...] / Wie eine Blume, die mir wohlgefällt", sagte sie dem Kurfürsten; vgl. IV. 1, S. 59, Vers 1 087 ff.) Er rührt sie aber in dem Augenblick, in dem er sich im Bewusstsein des Bevorstehenden um seiner Selbstachtung willen (heldenmütig) über sich selbst erhebt: sich überwindet. Sie hat damit das Gegenteil von dem erreicht, was sie verstandesmäßig wollte. Indem statt der Rettung des Prinzen dessen Zustimmung zum Urteilsspruch das Ergebnis ist, droht sie den Freund an den Tod zu verlieren und hat doch gewonnen, was sie nicht wünschen konnte und ihr dennoch wünschenswert war – und so liebt sie ihn in der für sie (und Kleist!) bezeichnenden Gefühlsmischung von großem Schmerz und ebensolcher Freude:

Nimm diesen Kuss! – Und bohrten gleich zwölf Kugeln
Dich jetzt in Staub, nicht halten könnt ich mich,
Und jauchzt und weint und spräche: du gefällst mir!
(Vers 1 386 ff.)

Ihre Worte spricht sie jedoch im Konjunktiv, denn nun baut sie auf ihre Dragoner.

Der Kleistforscher Jochen Schmidt nennt die Szene IV. 4 die Bewährungsprobe *(probatio)* des Prinzen und weist auf das besondere Gewicht hin, das Kleist darin und im ganzen Schauspiel dem **Begriff der Fassung** verleiht (Schmidt, S. 164 ff.). Der Kurfürst verkörpere, verbunden mit innerer Größe, mit Würde und dem Ethos der Pflicht die preußisch-stoische Tugend der Gemütsruhe und wisse sich auch in prekären Situationen „auf märksche Weise" zu „fassen" (Vers 1 419). Aber das Ideal einer inneren Fassung sogar im Angesicht des Todes sei für Kleist nichts Selbstverständliches, sondern wolle im Laufe eines Entwicklungs- und Reifeprozesses erst erworben werden. Der Spruch *per aspera ad astra* (vgl. II. 10, S. 44) meint eben diesen Prozess. So war es nur natürlich, dass sich der Prinz anfangs den Frauen fassungslos zeigte. Der Vorgang seiner allmählichen inneren Wiederaufrichtung ist in IV. 4 mit dem Begriff der Fassung doppelsinnig so verbunden, dass „Fassung" die Abfassung des Briefes und zugleich die innere Façon und Haltung ist. Den ersten Entwurf zerreißt er als „[e]ines Schuftes Fassung", um sich dann („Ich will nur sehn, wie ich mich fassen soll.", Vers 1 338) zu erhabener Größe durchzuringen.

Es gibt Bertolt Brechts gehässiges Wort vom „**Knechtsverstand**" des Prinzen (Recl. Doc., S. 150). Szene IV. 4 würde demnach einen Akt sklavischer Unterwerfung unter preußisches Recht zeigen. Überzeugender scheint aber, die Szene als einen Prozess der Menschwerdung zu lesen. Er wird zum tragischen Vorgang, weil der, der sich darin erhebt und neu konstituiert, sich zugleich dem Tod ausliefert. Aber Kleists Handlungsführung ist abermals nicht geradlinig, sondern **dialektisch**. Hatte Natalie das Gegenteil von dem bewirkt, was sie anstrebte, so bewirkt auch Homburgs Antwort nicht seinen Tod (den er in V. 10 begehrt), sondern wird zur Grundlage seiner ehrenvollen Begnadigung.

4.2 Die Ambivalenz der Schluss-Szenen V. 10 und V. 11

V. 10 und V. 11 gehören zu den kürzesten Szenen im *Prinz,* aber gerade in ihrer Deutung sind sich die Interpreten nicht einig. Unbestritten ist jedoch dreierlei:

- Im Schluss treffen das Thema der „vaterländischen Erhebung" und die Frage nach dem Verhältnis zwischen Einzelnem und Staatswesen hart aufeinander. Preußens Geschick und das Schicksal des Prinzen werden gleichzeitig entschieden.
- Todesbejahung und Lebensverpflichtung überkreuzen sich.
- Der Schluss nimmt spiegelverkehrt Bezug auf die Anfangsszenen I. 1 und I. 2.

Kleist weist ausdrücklich darauf hin, dass **äußerlich** mit Schloss, Rampe und Garten **alles** so ist **wie am Anfang**. Wieder ist es Nacht. Der Prinz wird in den Garten und zu der Bank unter der Eiche geführt (V. 10). Wie in I. 1 tritt die Hofgesellschaft – nun aber vermehrt um die ganze Generalität – im Schein von Fackeln auf die Rampe, und es wiederholt sich die Pantomime mit Lorbeerkranz und goldener Kette (V. 11). Aber die Szene ist nun nicht mehr familiär wie zu Beginn, sondern eine Art **Staatsakt**. Der Kurfürst erlaubt sich keinen Scherz mehr mit einem Schlafwandler und stößt Homburg auch nicht zurück, sondern er zeichnet offiziell und vor allen den begnadigten Delinquenten als Sieger von Fehrbellin aus. Prinz Friedrich von Homburg kann diese jähe Grenzüberschreitung vom Tod zurück ins Leben ebenso wenig verkraften wie zu Anfang den Übergang vom Traum ins Erwachen. Beide Male zieht sich sein Geist wie zur Zuflucht in eine **Ohnmacht** zurück. War ihm nach dem Erwachen sein Traum wie Wirklichkeit und ein Zeichen des Himmels erschienen, so fragt er jetzt ganz benommen, ob es nicht vielleicht ein Traum sei, was geschieht. Fürchtet er, abermals als ein „sinnverwirrter Träumer" (I. 4, Vers 112) dazustehen, sodass alles von vorn durchlitten werden müsste? Sieht nicht alles ganz aus wie ein Traum in der geheimnisvollen Beleuchtung der Nacht? Wünschte er wie zu seinem Schutz, dass dies nur ein Traum wäre? Denn wie soll er jetzt weiterleben, nachdem er für sich zu einem Abschluss gekommen war? Kottwitz löst mit seiner Antwort „Ein Traum, was sonst?" (Vers 1 856) diese neue Spiralwindung des Erkenntnisrätsels nicht. Und schon rauscht Kriegsgeschrei über den Augenblick des Innehaltens und Sich-Besinnens hinweg. Die Kameraden wollten es ja noch einmal mit ihrem Homburg wagen (V. 9, S. 90), und so beanspruchen sie ihn jetzt für sich und für die endgültige Befreiung Brandenburgs.

Es liegt auf der Hand, dass die innere Verfassung Homburgs und das patriotische Geschrei schlecht zueinander passen. Die Offiziere sind zusammengerückt, sie sind gemeinsam laut und stark, ALLE brüllen. Brüllt Homburg mit? Ist er, der Einzelne, jetzt integriert in diese markige Gemeinschaft? Man kann es sich nicht vorstellen. Oder tragen sie ihn nun im Triumphzug fort wie ein Unterpfand dessen, dass eine neue, bessere Ära in Brandenburg begonnen hat? Denn Gnadenakt und Ehrung des Prinzen bedeuten, dass Gesetz und liebliches Gefühl, Individuum und Gesellschaft nun in einer höheren, schöneren Ordnung miteinander versöhnt sind. Möglich wurde das dadurch, dass Homburg sich in freiem Entschluss dem Gesetz unterstellte (IV. 4), damit den durch ihn verursachten Zustand der Gesetzesunordnung wieder aufhob und dem Kurfürsten erlaubte, die strenge Satzung menschlich zu mildern. Und der Kurfürst revidiert seinen Begriff von Gerechtigkeit.

Kleist hat zwei seiner sehnlichsten Wünsche zu einem märchenhaft festlichen Finale verflochten:

- den Wunsch, dass sein König dem Vorbild des Kurfürsten folgen und die Mobilmachung gegen die französischen Besatzer in Preußen erklären möge,
- und die Hoffnung auf eine Gesellschaft, die den Einzelnen nicht ausstößt, sondern in der er in seiner Besonderheit Anerkennung und Ruhm erlangen und geliebt werden kann.

Die Gewichtung dieser beiden Motive schwankt von Aufführung zu Aufführung. **„Ein Traum, was sonst?“**, antwortet Kottwitz dem Prinzen. Spricht hier Kleist aus Kottwitz? Liegt in diesen vier Worten Kleists Schlüssel zu dem, was in preußischer Sommernacht an Sonderbarem geschieht? Unter dieser Voraussetzung ist der Schluss als **Utopie** zu lesen, als poetischer Vorentwurf und Dichtertraum.

Die geniale Berliner Schaubühnen-Inszenierung von 1972 nannte denn auch das Stück *Kleists Traum vom Prinzen von*

Homburg und verschmolz darin Dramenhandlung und Kleist-Biografie. Im letzten Bild trugen die Offiziere den Prinzen tatsächlich wie ihr Idol davon; aber es war eine leblose Puppe, während der echte Prinz, erkennbar als Kleists Doppelgänger, allein auf der mondbeschienenen Fläche zurückblieb und sich langsam auf sein Grab zu bewegte. Die Vision des Dichters und die Wirklichkeit seines Endes kamen in dieser Brechung gleichzeitig zur Anschauung (vgl. Recl. Doc., S. 154 f., Schmidt, S. 177, Kleist Werke/Seeba, S. 1 219 ff.).

Die **biografische Lesart** liegt besonders angesichts des letzten **Monologs des Prinzen** (**V. 10**) nahe. Kleists Verhältnis zum Tod, das aus seinen Briefen bekannt ist, ähnelt dem seiner literarischen Gestalt. Er hatte sich „zum Tode ganz reif" gefunden und schrieb der Verlobten schon 1801:

> *Ach, es ist nichts ekelhafter, als diese Furcht vor dem Tode. Das Leben ist das einzige Eigenthum, das nur dann etwas werth ist, wenn wir es nicht achten [...], und nur der kann es zu großen Zwecken nutzen, der es leicht und freudig wegwerfen könnte.* (Werke 4, Brief 52, S. 247)

Als er 1811 materiell, politisch und privat keine Perspektive mehr für sich sah, sprach er kurz vor dem gemeinsamen Freitod mit Henriette Vogel von der „unaussprechliche[n] Heiterkeit", die sie beide erfülle (ebd. Brief 256, S. 513); ihre Todesfreudigkeit drückte er in Bildern aus, die er ähnlich zuvor Homburg in den Mund gelegt hatte:

> *Wir [...] träumen lauter himmlische Fluren und Sonnen, in deren Schimmer wir, mit langen Flügeln an den Schultern umher wandeln werden.* (ebd. Brief 253; S. 511)

Als Homburg in den Garten geführt wird, ist auch er „ganz reif zum Tode" und nicht mehr ein Held oder Liebender, sondern **ein** bereits **Entrückter**. Es ist Nacht, und auch die Binde vor den Augen hält die Außenwelt von ihm fern. Nur der Duft von Blumen, die er für Nachtviolen hält, berührt ihn. Als Stranz ihm eine Nelke reicht, will er sie „zu Hause“ in Wasser setzen. In einem Zuhause, das nicht mehr von dieser Welt ist? Oder ist das die letzte liebenswürdige Zerstreutheit des Prinzen? Am Beginn des Stücks war Homburg durch Somnambulismus entrückt und versunken in den ehrgeizigen und lebenshungrigen Traum von Ruhm und Glück. Nun ist er bei vollem Bewusstsein dem Leben abhanden gekommen. Es liegt hinter ihm, es verdämmert und entmaterialisiert sich. Wie sich ein Schiff vom Festland oder ein Luftwesen von der Erde entfernt, entfernt sich sein Geist bereits in „stille Ätherräume“ (Vers 1834).

Prinz Friedrich (Moritz Führmann) erwartet gefasst seinen Tod (li. Helmut G. Fritzsch als Stranz); Aufführung am Hans-Otto-Theater Potsdam 2007

Dieser Homburg ist zart und wie verklärt. In den wenigen Zeilen des Monologs verbinden sich die Vorstellung des überirdischen Glanzes „der tausendfachen Sonne“ (Vers 1832) mit der unendlichen Weite und Transparenz kosmischer Räume (im Plural von Ätherraum) sowie dem Motiv des schwerelosen Fliegens und des Windhauchs zur Vision von beseligender Unendlichkeit. Vor allem fällt der Bezug zum ersten Monolog (I. 6) auf. Homburg hatte darin Fortuna, die Glücksgöttin, angerufen. Die Sprache war lyrisch wie hier und ebenso luftig und leicht, aber ihre Bilder beschworen das flüchtige irdische Glück, während jetzt die Unsterblichkeit angerufen ist. Auch der Rückzug der Hofgesellschaft ins Schloss, so wie ihn Homburg im Traum wahrgenommen hatte, weist sprachliche Entsprechungen auf (vgl. I. 4, S. 14, Vers 178 ff.); aber was damals entschwand, wird nun unvermutet (in V. 11) in Erfüllung gehen.

Warum konnte der Kurfürst dem Prinzen nicht eher die Freiheit bringen? Warum erspart er ihm nicht die simulierte Hinrichtung und den jähen Umschlag ins Fest? Es ging Kleist wohl darum, den Weg des Protagonisten von seiner Erniedrigung in Todesangst bis zu diesem äußersten Gipfel zu treiben, in dem er zu sterben gelernt hat und sich, sich gleichsam nach innen überschreitend, in den Tod hinein selbst erlöst. Die gedankliche Grundfigur zu solchen Daseinsstufen des Prinzen findet sich im *Marionettentheater* (vgl. *Interpretationshilfe*, S. 86 ff.). Vollzieht sich aber eine Initiation (Einweihung) ins Sterben, oder hat Kleist eine Initiation in eine höhere Stufe des Lebens im Sinn gehabt, da er die lyrische Stimmung von V. 10 in den vitalen Wirbel von V. 11 einmünden lässt? Zur Gestaltung des Schlusses könnte ihn ein Ritual der Freimaurer angeregt haben:

> *Bei der Aufnahme zum Meister wird dem Kandidaten in einem symbolischen Akt ein offenes Grab gezeigt, um die Todesfurcht zu überwinden und um mit der Wiedergeburt zum Meister die Unsterblichkeit zu erlangen [. . .].*
>
> (Dirk Grathoff, zitiert nach Eberhard Siebert, S. 288)

Wirkungsgeschichte

Nach Kleists Tod besorgte der romantische Dichter **Ludwig Tieck** (1773–1853) die Herausgabe des Nachlasses und unterstützte die Durchsetzung von Kleists Ruhm durch seine Vorrede zu *Prinz Friedrich von Homburg* (1821). Er sah voraus, dass besonders die Todesfurchtszene Anstoß erregen würde, und rechtfertigte sie als Durchgangsstadium innerhalb der Entwicklung eines überaus wahr dargestellten Charakters und als notwendigen Teil der Gesamtkomposition. 1821 wurde das Stück in Berlin unter dem Titel *Die Schlacht bei Fehrbellin* einstudiert, aber der preußische Hof unterband die Aufführung. Als man es 1828 erneut auf den Spielplan setzte, war es überarbeitet, der Kurfürst war zur Hauptperson gemacht worden. Dennoch ließ der Hof vor allem wegen III. 5 auch diese Aufführung nach zwei Abenden durch Kabinettsorder verbieten. Man sprach von „**Feigheitsszene**". Ein „Waschlappen" sei der Prinz, „aber kein Held, kein Kerl", urteilte Fontane 1872, und Bismarck nannte ihn noch 1890 ein „schwaches Rohr" (Werke II, Seeba, S. 1 190). Der Dramatiker Friedrich Hebbel hatte aber schon 1850 dagegen gespottet:

> *Todesfurcht und ein Held! Was zuviel ist, ist zu viel! Es war eine Beleidigung für jeden Fähnrich. Ein Butterbrot verlangen Sie von mir? Das geb' ich Ihnen nicht! Aber mein Leben mit Vergnügen!* (ebd. S. 1 190)

Die geistige Welt verstand, bewunderte und verehrte Kleists Kunst zunehmend. Die Romantiker sahen den Kern des Stückes weder in der Insubordination, noch im Rechtsgedanken oder der Todesfurcht, sondern insgesamt in der Figur des Prinzen und in seiner inneren Zerrissenheit zwischen träumerischem Hellsehen und verständigem, wachen Bewusstsein (ebd. S. 1 186). Kleist hatte in ihren Augen ein neues, **nachklassisches Menschenbild** aus Fleisch und Blut statt aus Marmor und hohen Idealen gestaltet. 1836 wies Ludwig Börne auf die Dissonanzen und Paradoxien in Kleists Werk hin: Mit ihnen verberge sich unter den Blumen dieser Dichtung die Schlange der **Modernität** (ebd. S. 1 189). Und im frühen 20. Jahrhundert lobte der Kritiker Alfred Kerr 1925 Kleist gerade wegen der Todesfurchtszene als modernen Dichter (ebd. S. 1 196).

An diese Einschätzung Kleists und des Schauspiels knüpfte nach dem Zweiten Weltkrieg die Dichterin Ingeborg Bachmann (1926–1973) an, als sie das Libretto für Hans Werner Henzes gleichnamige Oper (uraufgeführt 1960) verfasste und das alte Stück neu reflektierte:

> *So mußte der Prinz uns erscheinen als der erste moderne Protagonist, schicksallos, selber entscheidend, mit sich allein in einer „zerbrechlichen Welt" und uns darum nah, kein Held mehr, komplexes Ich und leidende Kreatur in einem, ein „unaussprechlicher Mensch", wie Kleist selber sich genannt hat, ein Träumer, Schlafwandler, der Herr seiner selbst wird.*
> (Bachmann Bd. 1, S. 371; Recl. Doc., S. 153 f.)

Eine solche Rezeption musste im Deutschland nach dem Zweiten Weltkrieg gegen erhebliche innere Widerstände erkämpft werden, denn Kleist war wie kein anderer deutscher Dichter in der Zeit der Gründerjahre, des Wilhelminismus und des Dritten Reiches ideologisch missbraucht und entstellt worden. Die unselige Entwicklung hatte mit König Friedrich Wilhelm IV. begonnen, dem Romantiker auf dem preußischen Thron, der nichts mehr von Verbot wissen wollte, sondern den *Prinz* zu seinem Geburtstag aufführen ließ. Fortan avancierte der *Prinz* zum patriotischen Weihespiel und – um 1870 – zum deutschen **Nationaldrama**, das man ganz oder in Teilen an nationalen Gedenktagen und für Paradefestlichkeiten des Hofes einsetzte.

Kaiser Wilhelm II. erklärte den *Prinz* zu seinem „Lieblingsstück". Auf die Frage nach der Todesfurchtszene befand er kurzerhand, dass man die ja streichen könne (Werke 2, S. 1 192). Preußens Militarismus feierte sich im Schlachtruf „In Staub mit allen Feinden Brandenburgs!" und meinte abermals die Franzosen, bis die Nationalsozialisten dann endlich erkannten, dass Kleist im *Prinz* das großdeutsche Reich vorweggeträumt habe. Schulen und Theatern wurde ab 1934 nahegelegt, das Stück als „Drama von der Ganzheit unseres besonderen völkischen Menschtums" und als Spiel vom „freiwilligen Blutsopfer eines Volkes" zu verstehen, durch das sich „die Lebenskraft der Blut- und Schicksalsgemeinschaft ins Wunderbare steiger[e]" (Recl. Doc, S. 149).

Dass bei uns überhaupt wieder eine Annäherung an den *Prinz* stattfinden konnte, verdanken wir ausgerechnet den Franzosen. Die berühmt gewordene **Inszenierung von Jean Vilar** von 1951 mit Gérard Philipe als Homburg hatte das Stück vom nationalen Pomp gereinigt und als anarchistische Jugendrevolte gegen eine etablierte Ordnung aufgeführt. Auch Ingeborg Bachmann hatte sich in Paris mit dieser Version identifizieren können. Die epochemachende Wende der deutschen Kleist-Rezeption leitete 1972 die berühmt gewordene *Homburg*-Inszenierung Peter Steins an der Berliner Schaubühne ein. Gespielt wurde *Kleists Traum vom Prinzen von Homburg* (vgl. *Interpretationshilfe*, S. 97 f.).

Heute scheint das Pendel wieder umzuschwingen. Aus dem **existenziellen Drama** des Einzelnen im Griff der Staatsräson wird das ästhetische **Traumspiel** ohne Wirklichkeit. Betont ist die Erkenntnisproblematik. An den Münchner Kammerspielen verlor sich der Prinz 2007 zwischen engen Spiegelwänden, die das Verhältnis zwischen Sein und Schein, Urbild und Abbild ins Vieldeutige rückten. In blutrot ausgeschlagener Bühne und in roten Kostümen ziehen in der Aufführung des Deutschen Theaters in Berlin von 2009 die Spieler ihre Stiefel durchs Wasser:

Auch das ergibt Spiegelungen und Doppelbilder. Ihr Prinz ist anscheinend wieder das „schwache Rohr“ von früher, eine „Heulboje von Homburg“ (FAZ vom 28.9.2009), ein großer Junge und zarter Träumer mit zu großem, verknautschten Soldatenmantel. Interessant ist, dass jetzt der Kurfürst, der einst unangefochtene Souverän, selbst in arge Bedrängnis gerät: Nur mit Mühe kann er sich behaupten. (Der Text lässt diese Lesart zu!) Abermals ist Kleists Biografie ins fiktive Spiel mit einbegriffen. Homburg, Kottwitz und der Kurfürst sind als Facetten Kleists aufgefasst, sodass Kottwitz auf der Bühne einen Kleist-Brief vorliest.

Mit Spannung ist abzuwarten, welche Interpretationen das Kleist-Jahr 2011 hervorbringen wird.

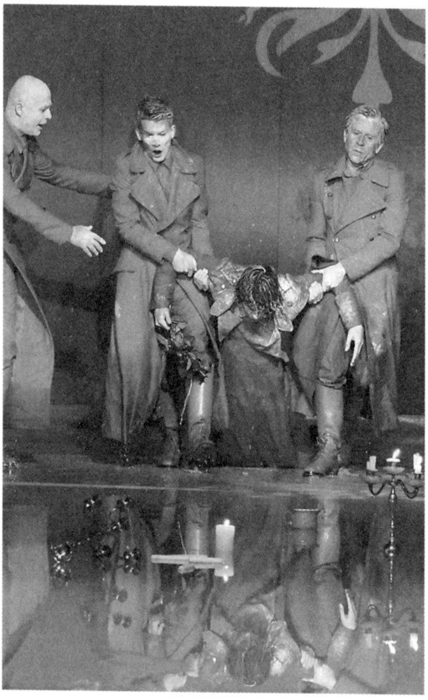

„Ins Nichts mit dir zurück, Herr Prinz von Homburg, / Ins Nichts, ins Nichts!“ Der Kurfürst reagiert entrüstet auf die Ambitionen des träumenden Homburgs und stößt ihn zurück. Andreas Kriegenburgs Inszenierung am Deutschen Theater Berlin (2009) arbeitet dabei bewusst mit Spiegelungen.

Literaturhinweise

Verwendete Buchausgabe:
Kleist, Heinrich von: *Prinz Friedrich von Homburg*. Stuttgart: Reclam 2001.

Kleist, Heinrich von: *Sämtliche Werke und Briefe* in vier Bänden, hrsg. von Klaus-Müller Salget, Hinrich C. Seeba u. a. Frankfurt am Main: Deutscher Klassiker Verlag 1989–97.
Band 2 enthält den *Homburg* mit dem Anmerkungsapparat von Hinrich C. Seeba, Band 3 das *Marionettentheater.* Band 4 enthält die Briefe, sie werden mit ihrer Nummer zitiert.

Ausgewählte Sekundärliteratur:
Bachmann, Ingeborg: *Der Prinz Friedrich von Homburg* und *Entstehung eines Librettos.* In: I. B.: Werke in vier Bänden, Bd. 1, S. 351 ff. München Zürich: Piper & Co. 1978.

Blöcker, Günter: *Heinrich von Kleist oder Das absolute Ich.* Berlin: Argon Verlag 1960.
Diese Arbeit setzte Maßstäbe für die deutsche Kleistforschung nach 1945.

Endres, Jochen: *Das depotenzierte Subjekt – Zur Geschichte und Funktion des Komischen bei Heinrich von Kleist.* Würzburg: Königshausen und Neumann 1996.

Földényi, László F.: *Heinrich von Kleist – Im Netz der Wörter.* München: Matthes & Seitz Verlag 1999.
Keine systematische Ausarbeitung, sondern das essayistische Spiel eines profunden Kleistkenners mit Artikeln in alphabetischer Ordnung von „Ach“ bis „Zufall“.

Greiner, Bernd: *Mediale Wende des Schönen – „freies Spiel“ der Sprache […].* In. *Neue Wege der Forschung.* Darmstadt: Wissenschaftliche Buchgesellschaft 2003.

Hamacher, Bernd: *Erläuterungen und Dokumente zu: Heinrich von Kleist: Prinz Friedrich von Homburg.* Stuttgart: Reclam 1999; zitiert als: Recl. Doc.

Henkel, Arthur: *Traum und Gesetz in Kleists „Prinz Friedrich von Homburg"*. In: *Wege der Forschung*. Darmstadt: WBG 1967; zitiert als WdF.

Hinderer, Walter: *Prinz Friedrich von Homburg*. In: *Interpretationen/Kleists Dramen*. Stuttgart: Reclam 1997.

Kraft, Herbert: *Kleist – Leben und Werk*. Münster: Aschendorff Verlag 2007.

Leistner, Bernd: *Spielraum des Poetischen – Goethe, Schiller, Kleist, Heine*. Berlin und Weimar: Aufbau Verlag 1985.
Eine textimmanente Gesamtinterpretation, die die Demontage des Kurfürsten als unfehlbarer Hoheit einleitete.

Mann, Thomas: *Heinrich von Kleist und seine Erzählungen*. In: *Leiden und Größe der Meister*. Frankfurt am Main: Fischer Verlag 1982, S. 495–515.

Peters, Uwe Henrik: *Somnambulismus und andere Nachtseiten der menschlichen Natur*. In: Kleist-Jahrbuch 1990, S. 135–152.

Schede, Hans-Georg: *Heinrich von Kleist*. Reinbek: Rowohlt 2008.
Auf 142 Seiten eine ausnehmend klare Darstellung von Leben und Lebensproblematik des Dichters.

Schmidt, Jochen: *Stoisches Ethos in Brandenburg-Preußen und Kleists „Prinz Friedrich von Homburg"*. In: Kleist-Jahrbuch 1993, S. 89–102.
Schmidt betont die aufklärerischen und protestantisch-stoischen Züge der Kleistschen Dichtung.

Schmidt, Jochen: *Heinrich von Kleist – Die Dramen und Erzählungen in ihren Epochen*. Darmstadt: WBG 2003.

Schulz, Gerhard: *Heinrich von Kleist – Eine Biographie*. München: C. H. Beck Verlag 2007.
Sehr gediegene und kenntnisreiche Biografie.

Siebert, Eberhard: *Heinrich von Kleist – Eine Bildbiographie*. Heilbronn: Kleist-Archiv Sembdner 2009.

Ihre Meinung ist uns wichtig!

Ihre Anregungen sind uns immer willkommen. Bitte informieren Sie uns mit diesem Schein über Ihre Verbesserungsvorschläge!

Titel-Nr.	Seite	Vorschlag

Bitte hier abtrennen

Bitte hier abtrennen

Zutreffendes bitte ankreuzen! Die Absenderin/der Absender ist:

- ☐ Lehrer/in in den Klassenstufen: ____
- ☐ Fachbetreuer/in
  Fächer: ____
- ☐ Seminarlehrer/in
  Fächer: ____
- ☐ Regierungsfachberater/in
  Fächer: ____
- ☐ Oberstufenbetreuer/in
- ☐ Schulleiter/in
- ☐ Referendar/in, Termin 2. Staatsexamen: ____
- ☐ Leiter/in Lehrerbibliothek
- ☐ Leiter/in Schülerbibliothek
- ☐ Sekretariat
- ☐ Eltern
- ☐ Schüler/in, Klasse: ____
- ☐ Sonstiges: ____

STARK Verlag
Postfach 1852
85318 Freising

19-V1P

Bitte ausfüllen und im frankierten Umschlag an uns einsenden. Für Fensterkuverts geeignet.

Kennen Sie Ihre Kundennummer? Bitte hier eintragen.

Absender (Bitte in Druckbuchstaben!)

Name/Vorname

Straße/Nr.

PLZ/Ort/Ortsteil

Telefon privat

Geburtsjahr

E-Mail

Schule/Schulstempel (Bitte immer angeben!)

Unterrichtsfächer: (Bei Lehrkräften!)

(Bitte blättern Sie um)